고구려와 수·당

70년 전쟁

동북아역사재단
교양총서 27

고구려와 수·당
70년 전쟁

임기환 지음

동북아역사재단
NORTHEAST ASIAN HISTORY FOUNDATION

간행사

우리나라를 둘러싼 동북아 지역의 역사 갈등은 여전히 한창이고, 점점 심화되고 있습니다. 우리 동북아역사재단은 2006년에 동북아 지역의 역사 갈등을 미래 지향적으로 해결하고, 나아가 역내 평화체제를 구축하려는 목적으로 출범하였습니다. 이때는 항상 제기되고 있던 일본의 역사 왜곡에 더하여 고구려, 발해 역사를 둘러싸고 중국과 역사 분쟁이 일어났습니다.

한국과 일본 사이의 역사 문제는 19세기 말 일제의 침탈과 식민지배 때부터 있어 왔습니다. 지금도 일제의 식민지배에 대한 진정한 사죄와 일본군'위안부' 문제, 강제동원과 수탈, 독도영유권 등을 둘러싸고 논쟁과 외교 마찰이 일어나고 있습니다.

중국은 개혁·개방 이후 급속하게 경제 발전을 이루면서 체제를 안정시키고 선린외교에 주력하였으나, 주변국과의 관계에서 주도권을 잡고자 하는 과정에서 자연스럽게 역사 문제를 둘러싸고 이웃과 대립하게 되었습니다. 그중 동북3성 지역의 역사에 대해서는 이른바 '동북공정'을 통하여 중국 영토 안에서 일어났던 역사를 모두 자국 역사 속에 편입하고자 함으로써 우리의 고대사(고조선, 부여, 고구려, 발해 등)와 충돌하게 되었습니다.

우리 재단은 이런 역사 현안을 우리 입장에서 연구하면서 다른 한편으로 우리 국민이나 다른 나라 사람들이 우리의 연구 결과를 같이 공유하고, 이를 쉽게 알 수 있도록 교양 수준의 책을 출간하게 되었습니다. 한·중·일 역사 현안인 독도, 동해 표기, 일본군'위안부', 일본역사교과서, 야스쿠니신사, 고조선·고구려·발해 및 동북공정 관련 주제로 우리 재단 연구위원을 중심으로 재단 외부 전문가들로 필진을 구성하였습니다.

모든 국민이 이 교양서들을 읽어 역사·영토 현안을 올바르게 인식하고, 나아가 우리가 동북아 역사 갈등을 주도적으로 해결하여 평화체제를 이룩하는 데 주역이 되기를 바랍니다.

동북아역사재단

이사장

차례

들어가며

7세기 대전쟁에 왜 주목하는가

역사를 왜 공부하는가? 역사란 이미 지나간 과거인데, 그 과거를 아는 게 오늘 우리에게 무슨 도움이 되는가?

수업시간에 학생들뿐만 아니라, 주위 지인이나 일반 시민들로부터도 이런 질문을 종종 받게 된다. 하지만 역사 연구자라고 해도 이런 질문에 답하기는 그리 쉽지 않다. 역사를 연구하고 공부하고 교육하는 이유는 참 다양하고, 사람마다 때마다 다를 것이다. 이는 역사 교과서를 둘러싼 사회적 논란이 그치지 않는 이유이기도 하다.

그런데 많은 사람들이 굳이 이런저런 이유를 따져 보지 않고도 역사에 큰 관심을 갖는다. 꼭 뚜렷한 목적이 있어서가 아니고, 인류가 만들어온 숱한 궤적에 대한 궁금증과 호기심 때문이기도 하다. 어떤 동기나 이유로 역사에 접근하든지 간에 역사를 알고 공부하다 보면 '역사의 교훈'이라는 제법 실용적인 결과를 얻기도 한다.

우리 고대사를 공부할 때 이런 '교훈적 역사'로서 기억해야 할 대목으로 7세기의 역사를 첫째로 꼽는 데 나는 주저하지 않겠다. 한반도와 만주는 물론 동아시아 전체에 걸쳐 여러 국가와 종족, 수많은 개인의 운명을 가른 사건들로 점철된, 그야말로 파란만장한 격동의 시대였기 때문이다. 물론 그동안에도 한국사 교과서 등 여러 역사책에서 이 시기를 상당한 비중으로 다루어왔다. 예컨대 우리가 기억하는 고대사의 인물을 꼽아보시라. 아마도 7세기에 활약했던 인물이 다수일 것이다.

얼핏 머릿속에 떠오르는 인물만 손꼽아 보아도 면면이 다 만만치 않다. 7세기 초두를 수 양제의 대군에 맞서 살수대첩으로 장식한 을지문덕, 안시성전투에서 당 태종의 자존심을 뭉개버린 안시성주, 고구려 말기의 집권자인 풍운아 연개소문, 백제의 멸망을 감동적인 최후로 지탱코자 했던 계백, 신라 삼국 통일의 두 주역인 김춘추와 김유신 등등. 그 외에도 숱한 인물들이 시대의 격랑 속에서 부침을 거듭했다.

이와 같이 국가의 존망을 짊어지고 활약했던 한 시대의 '주인공'들이 다수 등장하게 된 배경은, 이 7세기가 여러 나라의 운명을 건 전쟁이 끊임없이 휘몰아친 시기였기 때문이다. 당시 중국 대륙에서는 250여 년 넘게 지속된 분열을 끝내고 수·당이라는 통일제국이 등장했고, 이로 인해 동아시아 전체에 걸쳐 국제질서의 재편이 이루어졌다. 게다가 한반도와 만주 지역에 자리잡고 있던 고구려, 백제, 신라 삼국 사이에도 치열한 상쟁이 거듭되면서, 동아시아 전체 국제질서의 변동과 맞물려서 급격한 정세 변화와 세력 재편이라는 소용돌이 속으로 빨려 들어갔다.

그 재편의 과정에서 동북아시아에서는 대전쟁이 80여 년간 지속되었다. 즉 고구려 – 수(隋) 전쟁, 고구려 – 당(唐) 전쟁, 나·당연합 – 백제 전쟁, 나·당연합 – 고구려 전쟁, 신라 – 당 전쟁으로 이어졌다. 이러한 전쟁의 결과 고구려와 백제는 멸망하였고, 신라가 한반도의 통일국가로 등장하였다. 특히 동북아시아에서 국제 정세 운영의 중심축이었던 고구려가 소멸되었다는 것은 곧 그 변동과 재편의 진폭이 얼마나 컸는지를 잘 보여준다.

7세기의 대전쟁, 그중에서도 고구려와 수, 고구려와 당 사이의 전쟁은 민족항쟁사 내지는 국난극복사에서도 가장 빛나는 위치를 차지하는 역사적 사건으로 높이 평가되어 왔다. 수 양제의 대규모 침입을 물리친 살수대첩을 고려 때의 귀주대첩, 임진왜란 때의 한산대첩과 더불어 민족항쟁사상 3대첩의 하나로 손꼽거나 천하를 제패한 첫 황제가 되고자 했던 당 태종의 야망을 깨뜨린 안시성전투를 고구려인의 기상을 드높인 쾌거로 칭송하는 시각이 그것이다.

그런데 이렇게 민족항쟁사라는 관점에서만 접근하다 보니

자연 고구려와 수·당의 전쟁을 객관적인 입장에서 바라보는 데 소홀하게 된 면도 적지 않다. 특히 외세의 침략에 대한 우리 민족의 저항이라는 애국적 관점의 접근은 은연중 선과 악의 투쟁이라는 이분법적 시각을 밑바탕에 깔고 있으며, 전쟁의 발발 배경이나 결과에 대한 이해보다는 전쟁의 경과나 승리에만 초점을 맞추게 되었다. 하지만 고구려와 수·당의 전쟁은 7세기 동아시아의 국제질서를 재편하는 계기가 되었다는 점에서 자민족 중심 시각으로 접근해서는 곤란하다.

전쟁은 국내외의 다양한 요인에 의해 발생하고 전개되는데, 무엇보다 동아시아 국제정세와 전쟁의 관계를 살펴보는 것은 전쟁의 외적 배경과 조건을 파악하는 주요한 관점이다. 동시에 전쟁이라는 격렬한 환경에서 각 국가의 구성원들이 어떻게 대응하고 결집 혹은 분열되어 갔는가 하는 점에도 주목하고자 한다. 격동기의 역사에서 한 국가의 멸망과 생존이 사회 내부의 동향과 어떻게 연관되는지 살펴보는 것은 역사의 중요한 교훈이기 때문이다.

고구려와 백제는 왜 멸망하고, 신라는 어떻게 살아남아 삼국의 통합을 이룰 수 있었을까? 신라가 삼국 통일을 의도했든 그렇지 않았든 간에 고구려, 백제의 멸망 및 신라에 의한 삼국 통합 과정, 그리고 이후의 역사적 전개는 한국사에 새로운 성격을 부여하였다. 따라서 7세기 대전쟁을 살펴보는 것은 한

시대의 전환이 어떻게 이루어졌는가에 대한 물음이며 답이다.

근래에 한반도를 둘러싼 새로운 정세로서 북·미 간에 '종전선언'이 이루어지리라는 희망 섞인 전망을 종종 듣게 된다. '종전'이라는 말을 들으니 그동안 우리가 '휴전' 중이었다는 사실을 잊고 있었음을 문득 깨닫게 된다. 이 땅에 다시는 전쟁이 일어나서는 안된다는 데에는 누구랄 것 없이 모두 동의하리라. '어쩔 수 없이 선택한 전쟁'이란 말은 어리석은 판단을 가리기 위한 변명에 지나지 않는다. 필연적으로 일어날 수밖에 없는 전쟁은 없다. 역사를 보면 어떤 전쟁이든 발발을 막을 수 있는 기회는 항상 있었다. 그럼에도 전쟁은 일어났고 되풀이 되었다. 그러기에 왜 전쟁이 일어나게 되었는지를 성찰하는 게 역사에서 얻을 수 있는 교훈이다.

필자의 과문 탓인지 모르지만, 고구려와 수·당의 전쟁을 '70년 전쟁'으로 이름 지은 게 이 책이 처음이다. '70년 전쟁'의 시작점은 598년 영양왕의 요서 공격이며, 그 마지막은 668년 평양성의 함락이다. 물론 70년 내내 전쟁을 치른 것도 아니고, 고구려의 상대도 수에서 당으로 바뀌기도 했다. 하지만 이 전쟁은 동북아시아 세력권 전쟁이라는 점에서 하나의 전쟁으로 통합하여 파악하고자 '70년 전쟁'으로 이름하였다.

70여 년, 즉 거의 3~4세대에 걸쳐 끊임없이 지속된 전쟁 혹은 전쟁의 위기감 속에 수많은 사람의 삶이 놓여 있었던 시대가 바로 7세기였다. 그런 시대를 살아갔던 사람들의 삶은 과연 어떠했을까? 오늘 우리가 7세기 70년 전쟁에 눈길을 주어야 할 이유이다.

제1장

격랑이 일어나기 전에

5세기 동아시아 세력 균형

7세기에 전개된 동북아시아의 격동은 따지고 보면 동아시아 전체에 걸쳐 흐르는 정세 변동의 물결이 동북아시아로 밀려오면서 나타난 결과이다. 이는 우리의 시야를 동아시아 전체로 확장해야 7세기에 전개된 역사를 제대로 바라볼 수 있음을 뜻한다. 7세기 동북아시아 격랑의 시작점은 589년 수에 의한 중국 통일이다. 중국 대륙이 남북조로 나뉘어 끊임없이 쟁패를 다투었던 시간이 끝나고 중원에 평화가 찾아온 것이다. 그런데 그런 중원의 평화가 거꾸로 주변 세계에는 불안과 전쟁의 시작점이 되었다는 게 아이러니다.

반대로 동아시아에서 가장 강력한 세력인 중국이 남조와 북조로 나뉘어 있었던 5~6세기에 주변 세계는 적어도 중국 세력으로부터의 위협을 그리 크게 느끼지 않았다. 게다가 중국 세력의 간섭과 영향력이 없이 자기만의 질서를 만들어가던 시기이기도 했다. 동북아시아 세계도 마찬가지였다. 우리가 기억하는 만주와 한반도를 제패한 동북아시아 패자로서의 고구려 모습도 바로 5세기에 이루어진 것이다.

7세기의 역사를 살펴보기에 앞서 5세기부터 이야기를 시작하는 이유는 고구려가 동아시아의 국제질서 속에 어떤 방식으로 존재했는가를 간략하게나마 이해하는 것이 7세기 고구려인의 세계관과 행동양식을 이해하는 바탕이 되기 때문이다.

439년에 북위(北魏)는 130여 년 동안 지속된 오호십육국 시대를 끝내고 북중국을 통일하였다. 북위의 등장으로 인해 새로운 국제질서가 형성되었다. 가장 강력한 세력인 북위를 가운데 두고 중국의 남조 송(宋)과 북의 유연(柔然) 및 서의 토욕혼(吐谷渾), 그리고 동의 고구려는 서로 교섭하여 북위를 포위 견제하면서 각자 북위와 우호 관계 혹은 적대 관계를 맺게 되었다. 이들 다섯 강대국이 이 시기 동아시아 국제질서를 운영하는 주인공이었다. 그리고 이들 국가 주변에 있는 군소 국가들 역시 동아시아 국제질서의 운영에 참여하면서 권역별 역관계의 주역으로 성장해갔다. 예를 들어 고구려 주변에 있는 백제와 신라, 가야, 왜 등의 활동이 그것이다.

당시 동아시아 세계에서 적대 관계의 중심축은 북위 대 남조 국가, 북위 대 유연이었다. 특히 최강대국인 북위를 사이에 두고 남조 국가와 유연은 상호 연결하여 북위를 남북 양쪽에서 견제하였다. 북위와 남조 국가는 스스로 중화의 정통을 자처하며 중원 통일을 지향했기에 끊임없이 대결적 구도를 지속해 갔다. 상대적으로 우월했던 북위가 끝내 남조를 병합하지 못했던 배경에는 북쪽 유연의 위협이 있었다. 북위 스스로가 "유연을 꺾지 못하면 남적(남조)을 방어할 수 없다"고 생각할 정도였다. 그래서 북위는 남조를 공략하기에 앞서 자주 유연을 정벌하고 때로는 상당한 전과를 거두기도 했지만, 남조 국가의 위협 때문에 결국 유연을 굴복시키지 못하였다. 이렇게 이들 삼국 간에는 역관계의 연동성(連動性)을 바탕으로 세력 균형이 이루어졌다. 가장 적대적인 세 강국이 세력 균형을 이루게 되면서 5세기 동아시아의 국제질서가 변동할 가능성은 적었다.

고구려는 이들 3국과 등거리 외교관계를 맺었지만, 아무래도 국경을 접하고 있는 북위에 대한 대외정책이 중심이 될 수밖에 없었다. 고구려와 북위는 435년에 처음 외교관계를 맺었으나, 곧이어 양국 사이에 위치한 북연(北燕)을 둘러싸고 충돌이 일어났다. 436년에 북위군이 북연 수도 화룡성(和龍城)에 진군하자, 고구려 역시 수만 명의 군대를 보내어 북위군과 대치하면서, 북연왕 풍홍(馮弘)과 다수의 주민을 이끌고 회군하였다. 북위는 곧 풍홍의 송환을 요구하였고 고구려가 이를 거절하면서 양국 관계는 급격히 악화되었다. 하지만 고구려와 북위 모두 서로 적대적 관계를 원하지 않았다. 고구려는 남진정책을 추진하고 있었기에 서변의 안정이 중요했고, 북위 역시 남조·유연과의 대결이 시급했기 때문에 고구려마저 적국으로 돌릴 수는 없었다. 이에 얼마 지나지 않아 고구려와 북위는 우호적인 외교관계를 회복하였다.

물론 양국 관계가 시종 우호적이고 순탄하지만은 않았다.

466년에는 북위의 청혼을 고구려가 거절함으로써 양국 관계가 잠시 냉각되기도 하였다. 또 고구려가 송과 외교관계를 맺자 북위는 노골적으로 불만을 터뜨리기도 하였다. 그러나 양국이 모두 현실적으로 군사적인 대결 상대를 눈앞에 둔 상황에서 양국 간의 분쟁을 확대해 갈 수는 없었다. 따라서 양국은 서로의 세력권을 인정하며 동아시아 여러 국가 중에서 가장 빈번하게 사신을 교환하고, 문물 교류를 유지하였다.

『남제서』 고려전에 의하면 북위에 여러 나라 사신이 머무는 숙소가 있는데, 남제 사신의 숙소 다음으로 고구려 사신의 숙소 규모가 컸다고 한다. 그리고 489년(장수왕 77)에는 북위 원회(元會: 새해 첫날 모임)에 남제 사신과 고구려 사신을 나란히 서게 하여, 남제 사신이 북위 조정에 항의했다는 내용을 전하고 있다.

왜 북위는 고구려 사신을 이렇게 우대했을까? 이 자료는 통상 고구려의 강대함을 북위가 인정하고 있음을 보여주는 기사로 해석한다. 이런 해석은 물론 타당하지만, 한편으로는 북위가 남제와 고구려 사이의 외교관계에 어떤 부정적인 영향을 미치려는 의도도 담겨 있다고 생각한다. 고구려는 북위에 대한 견제책으로 남조 국가와도 통교하였으며, 북위만큼은 아니어도 꾸준히 사신을 교환하였다.

한편, 고구려와 유연의 교섭은 언제부터 시작되었는지 구체적으로는 알 수 없으나, 고구려와 북위의 관계가 냉각 상태에 있었던 430년대 말에는 피차 북위에 대한 견제책으로 서로 접촉하였을 것으로 짐작된다. 479년에는 고구려와 유연이 연합하여 지두우(地豆于) 분할을 시도할 정도로 우호관계를 맺었다.

이렇게 고구려는 이들 세 국가(북위, 남조, 유연)와 각각 평화로운 관계를 유지하였다. 북위 등 북중국 국가와는 5세기 초에 후연(後燕)과 전쟁을 치룬 이후 598년 수와 전쟁을 치르기까지 거의 전쟁이 없었고, 북방 유목국가와도 6세기 후반 돌궐과의 충돌이 일어나기까지 우호적인 관계를 지속하였다.

이와 같은 국제정세를 배경으로 중국 세력이나 북방 유목 세력의 영향력을 배제한 가운데 동북아시아에서 고구려는 독자적 세력권을 구축하였다. 거란과 말갈의 일부를 세력권 내에 거느리고, 북방쪽으로는 지두우의 분할을 시도하고, 남실위(南室韋)에 철을 공급하면서 내몽고 동북부 지역에도 세력을 뻗쳤다. 한반도 내에서는 남진정책을 추진하여 백제를 압박하면서 한반도 중북부 일대를 차지하였고, 신라에도 정치적·군사적으로 영향력을 행사하였다. 이렇게 5세기 동아시아의 국제질서를 배경으로 구축한 고구려 독자의 세력권이 〈광개토왕비〉나 〈충주고구려비〉에 보이는 독자적 천하관을 형성한 현실이었다.

중국 남조에 온 주변국 사신들

526~536년 무렵 양(梁)에서 제작한 〈직공도(職貢圖)〉를 모사한 〈당염립본왕회도(唐閻立本王會圖)〉이다. 6세기 전반 동아시아 세계를 구성한 국가들의 면면과 고구려·백제·신라 사신의 모습을 볼 수 있다. commons.wikimedia.org(검색일: 2022. 6. 15)

백제

신라
고구려

6세기 중반 동아시아 정세 변화

5세기 중반에 형성된 동아시아의 국제질서는 100여 년이 지난 6세기 중반 이후 서서히 변동하기 시작하였다. 가장 강대한 세력인 북위가 동위(東魏)와 서위(西魏)로 분열되었던 것이다. 남조의 양(梁)은 북위의 내분을 틈타 북벌을 시도하여 한때 우세를 차지하였으나 뒤이어 내부 혼란으로 오히려 동위와 서위의 공격을 받아 세력이 크게 약화되었다. 그 뒤 동위와 서위에서는 정권을 장악하고 있던 고씨(高氏)와 우문씨(宇文氏)가 북위 왕실을 폐하고 자립하여 각각 550년에 북제(北齊), 557년에 북주(北周)를 세웠다. 그리고 남조에서도 556년에 양(梁)에서 진(陳)으로 왕조가 교체되었다. 이제 중국 대륙은 북제 · 북주 · 진의 3국으로 재편되어 세력 경쟁이 벌어졌다.

북방의 유연은 북중국의 분열과 경쟁을 이용하여 세력을 키워 갔다. 동위와 서위 및 이를 계승한 북주와 북제는 상대방을 제압하기 위하여 서로 유연의 힘을 빌리려고 경쟁하는 상황이었다. 그런데 북방 유목세계에서도 유연에서 신흥 돌궐(突厥)로 세력 교체가 일어났다. 돌궐은 본래 흉노의 일부로 알타이산 남쪽에서 유목하면서 유연의 지배를 받고 있었는데, 점차 강성해지면서 마침내 552년에 유연을 격파하고 몽골고원의 새로운 주인으로 등장하였다.

돌궐도 북주와 북제의 대립을 이용하여 세력을 키워 갔다. 그래서 돌궐의 타발가한(他鉢可汗)이 "남쪽에 있는 두 아이들이(북주와 북제) 나에게 효순(孝順)한데 물자가 없을 것을 걱정하겠는가"라고 큰소리쳤다고 한다. 한편 돌궐은 동쪽으로도 흥안령을 넘어 거란과 말갈에도 세력을 뻗치고, 심지어 고구려 국경을 넘보아 양국 사이에 여러 차례 충돌이 일어나기도 하였다.

이와 같이 550~557년 사이에 동아시아 국제질서를 좌우하는 주역들이 모두 바뀌게 되었다. 비록 고구려는 왕조를 유지하고 있었지만, 한반도에서 정세 변화로 인해 고구려 세력권이 흔들리고 있었다. 551년에는 백제와 신라 연합군의 공격으로 한강 유역을 빼앗기게 되었다. 여기에는 서북 지역에서의 긴장이 고조되면서 고구려가 한반도 내에 힘을 집중시킬 수 없었던 국제정세도 하나의 요인이 되었다. 북방에서 돌궐 세력이 동진해오고, 북제와 북주도 이전 북위와 달리 요서 지역에서 군사행동을 전개하여 위기감을 조성했기 때문이다.

한반도 정세는 점점 더 소용돌이치고 있었다. 이 무렵 고구려는 귀족세력 간의 갈등으로 심각한 내분의 진통을 겪고 있었다. 531년에 안장왕(安臧王)이 피살되기도 하고, 안원왕(安原王) 말년인 544년에는 외척들 사이에서 격렬한 왕위계승전이 벌어지기도 했다. 그 뒤에도 귀족세력 간의 대립과 정쟁이 이어졌다. 고구려의 내분을 포착한 백제 성왕과 신라 진흥왕은 군사동맹을 맺고 한강 유역을 공습했다. 551년에 백제와 가야 연합군은 한성(漢城)을 공파하고 한강 하류의 6군을 차지하였고, 신라군은 죽령을 넘어 한강 상류의 10군을 확보하였다. 한강 하류와 상류로 나누어 진격한 백제와 신라 군대는 그야말로 파죽지세로 단번에 고구려 방어망을 무너뜨렸다.

이렇게 남북 양쪽에서 전개되는 국제정세의 위기에 고구려 지배세력은 나름 수습책을 마련해 갔다. 내부 분쟁은 귀족연립체제를 통해 일단 정치적 안정을 꾀하였다. 요해 방면에서는 돌궐의 동진세를 저지하였고, 북제와의 긴장도 외교정책으로 안정시켜 갔다. 한편 553년에 신라가 백제를 기습 공격하여 한강 유역을 독차지하면서 백제와 신라의 동맹관계가 깨지고, 양국은 적대적인 관계로 바뀌었다. 고구려는 신라와 밀약을 맺으면서 남부 전선도 한숨을 돌릴 수 있었다.

이렇게 비록 뒤늦었지만 고구려는 안팎의 어려움을 수습해 갔고, 나아가 5세기 이래의 고구려 세력권을 재건하려는 야망도 다시 키워 갔다. 요해 지역으로 침투해 오던 돌궐 세력이 약화되자, 요해 지역의 거란·말갈에 대해 세력 침투를 꾀하였다. 그리고 한강 유역을 되찾기 위해 신라에 대한 공세를 강화하고 있었다. 이를 잘 보여주는 예화가 온달(溫達)설화이다.

이때 후주(後周)의 무제(武帝)가 군사를 보내 요동(遼東)을 공격하니, 왕이 군사를 거느리고 이산(肄山)의 들에서 맞아 싸웠다. 온달이 선봉이 되어 날쌔게 싸워 수십여 명을 베자, 여러 군사가 승세를 타고 분발 공격하여 크게 이겼다. …

양강왕(陽岡王: 영양왕)이 즉위하자 온달이 아뢰기를 "신라가 우리 한강 이북의 땅을 빼앗아 군현으로 만드니, 백성들이 비통하게 원망하며 일찍이 부모의 나라를 잊은 적이 없습니다. 원컨대 대왕께서 어리석은 저를 불초하다 하지 마시고 군사를 주신다면 한번 가서 반드시 우리 땅을 도로 찾아오겠습니다"라고 하였다.

왕이 허락하자 떠날 때 맹세하기를 "계립현(鷄立峴)과 죽령(竹嶺) 서쪽 땅을 우리에게 귀속시키지 않으면 돌아오지 않겠다!" 하였다.

–『삼국사기』 온달전

온달은 평원왕대에 북제를 병합하고 요동으로 뻗쳐온 북주군을 격파하는 데 큰 공을 세웠으며, 이어서 영양왕대에는 신라에게 빼앗긴 한강 유역을 되찾기 위하여 출전한 후 전사했다는 내용이다. 이러한 온달의 행적은 당시 고구려 정권이 취한 대외정책의 동향을 상징적으로 보여 준다. 즉, 중국 세력에 대비하면서 신라를 압박하여 옛 세력권을 회복한다는 대외전략이 아니었나 추측된다. 이러한 강경한 대외전략의 기조는 일면 수의 위협에 적극적으로 대처하기 위해서는 먼저 한반도에서의 세력 회복과 주도권 장악이 필요했기 때문이다.

하지만 곧 닥쳐올 새로운 국제정세의 현실은 이전과는 전혀 달랐다. 중국 대륙에서 통일세력이 등장하자, 그 구심력에 주변 모든 국가들이 휩쓸려 들어감으로써 고구려를 둘러싼 국제질서도 또 다른 균열이 가기 시작했다.

제2장

수의 등장, 그리고 첫 대결

통일제국 수의 등장

북제와 북주의 상쟁은 575년에 북주가 북제를 정복하면서 끝났으나, 곧이어 북주 내부에서 정권 교체가 일어났다. 581년에 양견(楊堅)이 북주 정권을 탈취하여 국호를 수(隋)로 고치고 장안(長安)에 도읍을 정하였다. 그가 수 문제(文帝)이다. 문제는 즉위한 후 인심을 수습하기 위해 부역을 경감하고 법령을 간소화하였으며 여러 제도를 정비하였다. 이러한 새로운 기운을 불러일으키는 체제 정비에 따라 수의 국력은 급속히 강해졌다. 『수서(隋書)』 고조본기에는 문제의 통치 시기를 다음과 같이 평하였다.

절약에 힘쓰고 부역을 균평하게 하여 창고가 가득 차고, 법령이 잘 시행되어 군자는 모두 살아감을 즐거워했고, 백성은 각기 그 생업에 안정을 찾아 … 인물이 번성하고 조야(朝野)가 즐거워하여 20년간 천하가 무사하였다.

국력을 키운 수 문제는 588년에 남조 진(陳)을 병합하기 위해 50여만 명의 대군을 출정시켜, 이듬해에 진을 멸망시키고 중국을 통일하였다. 수에 의한 진의 병합은 당시의 국제질서에 커다란 파장을 불러일으켰다. 5세기 이후 동아시아의 국제질서는 가장 강력한 세력이라 할 수 있는 중국이 남북으로 분열되어 서로 상쟁함으로써 유지되었는데, 중국 세력이 통일되어 그 강력한 힘이 외부로 뻗쳐 나가면서 지금까지와는 전혀 다른 국제질서를 요구하였기 때문이다.

통일제국 수가 가장 먼저 공세를 펼친 대상은 그동안 북중국을 압박하고 있던 북방의 돌궐이었다. 581년에 수는 돌궐의 침입에 대비하기 위해 북방에 장성을 축조하였다. 당시 돌궐의 사발략가한(沙鉢略可汗)은 수가 자신을 무시하는 태도를 보이자 영주자사 고보녕(高寶寧)과 통모하여 582년과 583년에 거듭 수를 침공하였으나 격퇴되었다. 당시 돌궐 내부에서는 소가한(小可汗)들이 분열하여 권력투쟁을 벌였는데, 여기에 수가 분열을 부추기는 이간책을 시도하면서 583년에는 동돌궐과 서돌궐로 분열되었다. 수는 이 기회를 타서 동돌궐을 공격하였고, 세력이 급격히 위축된 동돌궐은 수에 굴복하여 조공을 바치는 상황이 되었다.

수의 중국 통일은 누구보다 고구려에게 큰 충격을 주었다. 이제까지 남북조 분열 구조 위에서 전개하여 온 등거리 외교전략이 무너지게 되었기 때문이다. 고구려는 수와의 외교관계를 단절하고 대비책을 강구해 갔다. 안으로 군사를 모으고 군량을 비축하는 한편, 중국인 무기 기술자를 비밀리에 데려와 병기를 수리하였으며, 고구려를 정탐하기 위해 파견된 수의 사신을 공관에 가두어 내정 탐색을 막고, 또 비밀리에 사신을 파견하여 수의 정세를 탐지하기도 하였다.

중원을 통일하고 최대 적수인 돌궐까지 굴복시킨 수는 지금까지와는 다른 국제질서를 만들고자 하였다. 바로 수 중심의 일원적 국제질서였다. 따라서 과거 북위나 남조가 고구려의 세력권을 인정하는 것과는 전혀 다른 태도를 취했다. 590년(『수서』, 『자치통감』에는 597년) 고구려에 보낸 수 문제의 국서가 좋은 예다. 여기에서 문제는 수가 굴복시킨 남조 진과 고구려를 비교하여 평원왕을 은근히 협박하고 있다.

왕은 요수(遼水)의 넓이가 장강(長江)과 비교하여 어떠하며, 고구려 인구 수가 진(陳)나라와 비교하여 어떠하다고 여기는가? 짐이 만약 왕을 포용하고 기르려는 생각을 갖지 않고 이전의 잘못을 책망하려 한다면 장군 한 사람에게 명령하면 될 뿐이지, 어찌 많은 힘이 필요하겠는가? 왕이 스스로 새로워지도록 은근히 타이르고자 하노라.

–『수서』 고려전

이렇게 수가 위협적인 자세로 나오자, 일단 고구려는 591년에 수와의 교섭을 재개하였다. 하지만 양국은 각자 제 갈 길을 가고 있었다. 고구려는 고구려대로 세력권의 재건을 도모하였고, 수는 자국 중심의 국제질서로 개편을 추구하였다.

백제와 신라도 수와의 교섭에 적극 나섰다. 백제는 581년에 수가 건국되자마자 곧 사신을 파견하여 수와 외교관계를 맺었다. 진이 수에 멸망당한 뒤에는 더 적극적으로 수와 교섭하였다. 수는 백제에 대해 입공(入貢)을 면제해 주겠다는 등 유연한 자세를 보였는데, 이는 수 문제가 고구려에 국서를 보내 번신(蕃臣)의 절차를 지키지 않는다고 비난했던 태도와 비교된다. 신라는 고구려나 백제보다는 뒤늦게 수와 외교관계를 열었는데, 611년에는 고구려 정벌을 청하는 걸사표를 보낼 정도로 수와의 교섭을 통해 고구려를 견제하고자 했다. 이렇게 한반도의 백제와 신라도 수 제국의 구심력 안으로 서서히 끌려들어가기 시작하였다.

영양왕, 요서로 출격하다

영양왕은 수 문제가 오만한 국서를 보낸 바로 그해에 즉위하였고, 618년 수가 멸망하는 해에 사망하였다. 영양왕의 재위 기간은 수가 중원을 통일한 때부터 시작하여 고구려 원정으로 인해 수가 멸망한 때까지의 기간과 겹친다. 마치 영양왕은 수와의 대결이 하나의 운명처럼 연결된 왕이 아닌가 싶다. 따지고 보면 고구려와 수의 대결도 영양왕의 공세로부터 시작하였다.

고구려 군사의 행렬
안악3호분 벽화 중 행렬도(모사). 동북아역사넷 제공

598년 1월, 영양왕은 1만 명의 말갈 기병대를 거느리고 요하를 건너 수의 영주(營州: 지금의 朝陽)로 향했다. 당시 영주 총관은 위충(韋冲)이었다. 『수서』에는 그가 고구려군의 공격에 곧바로 맞서 격퇴하였다고 기록하고 있다.

왜 영양왕은 수를 선제 공격하였을까? 무엇보다 영양왕이 직접 그 멀리 요서까지 출정하여 매우 위험할 수 있는 전투를 이끌었을까? 그것도 고구려 본군이 아니라 말갈군을 거느리고, 병력도 겨우 1만 명에 불과한 소규모 부대를 동원하였을까?

이런 여러 의문에 답하기는 쉽지 않다. 영양왕의 요서 출격은 그것이 갖는 역사적 파장에 비해, 그 전투의 전후 맥락을 전해 주는 자료가 아예 없다. 물론 이 요서 출격에 대해 이런저런 추론이 없는 것은 아니다. 요서에 거주하고 있던 거란이나 말갈에 대해 영향력을 확보하는 한편으로 수의 영향력을 견제하려는 의도, 말갈을 복속시키고 있음을 과시하면서 수와의 전면적인 전쟁을 회피하려는 의도, 앞으로 전개될지 모르는 전쟁에서 유리한 고지를 선점하려는 의도 등등 여러 견해가 있다. 그러나 아직은 막연한 추정에 불과할 뿐이다.

어쨌든 이 전투 자체는 동원된 병력 등으로 볼 때 고구려와 수, 두 나라의 변경에서 능히 일어날 수 있는 작은 충돌로 보고 가볍게 넘어갈 수도 있었을 것이다. 하지만 수 문제의 자존심이 몹시 상했던 모양이다. 영양왕이 직접 친정했다는 소식을 들었기 때문이었을까? 문제는 곧바로 군사동원령을 내렸다. 이렇게 해서 598년의 요서 출격은 장차 70여 년간 지속될 동북아시아 대전쟁의 서막이 되었다.

2월 4일에 문제는 다섯째 아들 양량(楊諒)과 왕세적(王世積)을 총사령관에 해당하는 행군원수로, 주라후(周羅睺)를 수군총관으로 삼고, 모두 30만 명의 병력을 동원하였다. 그해 6월에 수의 대군은 고구려 원정길을 떠났으나 먼 요동까지의 행로는 그리 쉽지 않았다. 『수서』 등 중국 기록에는 수 원정군의 처참한 상황을 기록하고 있다. 양량이 거느린 육군은 임유관(臨兪關: 지금의 山海關으로 비정)을 나와 요동으로 진격하다가 홍수를 만나 군량 보급이 끊기게 되어 군사들이 굶주리고 질병이 나돌아 많은 군사들이 죽어 갔다. 주라후가 거느린 수군도 바닷길로 평양을 향하다가 풍랑을 만나 많은 병선이 침몰하여 열에 여덟아홉이 죽었다고 한다. 결국 수의 1차 고구려 침공은 고구려 영내를 밟아 보지도 못하고 실패하고 말았다.

그러면 수의 원정군은 왜 고구려 영내에 들어서기 전에 괴멸하고 말았을까? 일단 중국 측 기록대로 홍수와 전염병, 풍랑 등이 주된 요인이라고 하더라도, 이런 기상 조건은 6월에 출정한 이상 충분히 예상할 수 있는 일이다. 그리고 대군을 움직일 때에는 이런 상황에 대한 대비책을 갖고 있어야 함은 군사의 기본이다. 그런데 이런 기본이 지켜지지 않았다는 것은 당시 수의 원정 준비가 얼마나 허술했는지를 잘 보여준다.

이렇게 고구려와 수의 1차 대결은 큰 전투를 치르지 않고 끝났다. 이는 고구려와 수, 두 나라 모두 상대방에 대해 너무 몰랐던 결과였다. 소규모 요서 출격에 수가 대규모 원정으로 대응하리라고는 고구려도 미처 예상하지 못했던 듯하다. 또한 수 문제의 침공 역시 고구려의 군사력이나 원정길에 대해 무지한 상태에서 오만한 마음으로 성급하게 이루어졌다.

정벌이 실패한 후 수 조정에서는 다시 고구려 정벌을 주장하는 군신들이 있었으나, 애초부터 고구려의 국력이 만만치 않음을 두려워했던 유현(劉炫) 등의 반대로 중지되었으며, 양국의 관계는 소강 상태로 들어갔다. 물론 당시 수가 고구려 원정을 포기한 데에는 돌궐의 위협도 있었다. 수는 603년에야 돌궐을 완전히 제압할 수 있었다. 그리고 604년 문제가 죽고 양제가 즉위하였다.

한편 수의 공격으로 고구려 서쪽 전선에서 긴장감이 매우 높아지는 상황에서 한반도 내에서도 여전히 충돌은 계속되고 있었다. 603년에 고구려는 신라 북한산성(지금의 아차산성)을 공격하였으며, 607년에는 백제 송산성과 석두성을 공격하였다. 이러한 고구려의 군사적인 압박으로 백제와 신라는 수와의 교섭에 나섰다. 백제는 607년과 611년에 수에 사신을 보내어 고구려 정벌을 요청하였으며, 신라 역시 611년에 수에

청병 사절을 보냈다. 물론 612년 이후 고구려에 대한 수의 대규모 원정이 이어지면서, 고구려는 더 이상 백제나 신라에 대한 공세를 취할 여유가 없었다. 고구려가 남방을 돌볼 겨를이 없었던 이 시기에는 641년까지 백제와 신라 사이에 치열한 공방전이 계속되었다.

제3장

수 양제,
고구려 원정을
결심하다

수 양제가 고구려를 원정한 까닭

607년 4월부터 9월까지 수 양제는 몸소 대규모 군대를 이끌고 북쪽 변경지대를 순행하였다. 돌궐 등 북방 이민족에게 자신의 위세를 과시하고 그들의 복속을 확인하기 위해서였다. 8월에는 낙양(洛陽)으로부터 북쪽으로 1,500리나 떨어진 유림(楡林)에 이르렀다. 동돌궐의 계민가한(啓民可汗)이 공손하게 양제를 영접하였다.

그런데 그때 고구려 사신이 동돌궐에 와 있었다. 계민가한은 이를 숨기지 못하고 양제에게 소개하였다. 복속을 맹세한 동돌궐의 땅에서 적대적 관계에 있던 고구려 사신과 마주친 양제와 군신들은 충격을 받았던 모양이다. 양제는 곧바로 고구려 사신을 겁박하여 당장 이듬해까지 고구려 왕이 자신 앞에 와서 무릎을 꿇으라고 큰소리쳤다. 이 사건이 수 양제가 고구려 침공을 결심하게 된 하나의 계기가 되었음은 분명하다. 이렇듯 돌궐과 연대하려는 고구려의 외교전략은 막강한 군사력을 앞세운 양제의 위세로 인해 실패하였다. 하지만 북방과 서방의 초원세력과 연계하여 수를 견제하려는 전략이 유효할 수 있음을 확인하였고, 그래서 당과의 전쟁 때에도 이런 외교전략을 시도하게 된다.

607년 말, 왜왕(倭王)이 보낸 사신이 수에 도착했다. 그런

천하 제패를 꿈꾼 수 양제

ko.wikipedia.org(검색일: 2022. 6. 15)

데 그 사신이 내민 왜왕의 국서를 보고 양제는 노발대발했다. 왜냐하면 그 국서에 "해 뜨는 곳의 천자가 해 지는 곳의 천자에게 보내노라(日出處天子致書日沒處天子)"라는 구절이 있었기 때문이다. 왜의 국서에 이런 내용이 담기게 된 데에는 고구려 승려 혜자(慧慈)의 역할이 있다는 견해가 있다. 왜의 땅이 해 뜨는 곳이고, 수의 땅이 해 지는 곳이라고 생각할 수 있는 지역은 바로 그 중간에 위치한 고구려라는 것이다. 충분히 생각해볼 수 있는 주장이다.

607년에 동돌궐 땅에서 고구려 사신을 마주친 뒤, 그해 말에 또다시 고구려의 사주를 받은 것으로 의심되는 왜왕의 국서가 도착하자, 수 양제는 고구려의 움직임에 의구심을 갖게 되었을 것이다. 하지만 양제가 대규모 군대를 동원하며 고구려 원정에 집착하는 데에 이런 고구려의 대외정책이 주된 요인이 될 수는 없다. 고구려 측의 태도는 양제가 고구려를 정벌하기 위해 내세우는 명분으로 활용될 뿐이다. 고구려와 수의 전쟁이 일어나게 된 가장 큰 요인은 어디까지나 양제와 그의 측근들의 욕망과 관념 때문이다.

먼저 수 양제를 둘러싼 핵심 관료 집단의 성격을 살펴보자. 수 양제의 말년에는 소위(蘇威)·우문술(宇文述)·배구(裴矩)·배온(裴蘊)·우세기(虞世基) 등 소위 '5귀(五貴)'라고 불리는 자들이 양제를 정점으로 권력을 잡고 있었다. 이들 중 배구는 당시 중국적 천하질서를 내세운 인물이고, 우문술은 대외정복 활동에서 공을 세워 출신한 인물로, 서역 정벌 시에도 함께 활약하였다. 이러한 성향으로 인해 이들은 정권을 유지하기 위해서 지속적으로 대외정벌을 추구하면서 전쟁에서 군공을 얻고자 했다. 이들이 양제의 고구려 정벌 욕망을 부추긴 측면이 있다.

여러 요인 중에서 뭐니 뭐니 해도 첫 번째 요인은 양제 자신에게 있다고 보인다. 사실 그의 황제 즉위가 불법적인 찬탈은 아니었지만 그렇다고 충분히 정통성을 확보한 것도 아니었다. 수 문제는 장자 양용(楊勇)을 황태자에서 폐위시키고 차자인 양광(楊廣: 수 양제)을 황태자로 올렸다. 그만큼 문제와 독고황후는 양광을 총애하였다. 그런데 독고황후가 죽고, 이어서 문제가 병석에 누운 뒤 곧 석연치 않은 죽음을 맞았다. 604년 양제는 아버지 문제가 사망하자 황태자로서 황제위에 올랐다. 하지만 양제의 즉위에 불만을 품은 막냇동생 한왕 양량(楊諒)이 반란을 일으키기도 했고, 게다가 부왕의 의심스러운 죽음에 대한 혐의로부터 자유롭지도 못했다. 양제는 아직 자신의 권력이 불안정한 상태임을 실감했고, 이런 정통성의 부족을 만회하려는 의도에서 끊임없이 대외원정을 시도했다는 견해가 있다.

한편, 대외원정을 통해 양제가 권력을 강화해 갔다는 견해도 있다. 불완전한 권력 기반을 강화하여 절대황제권을 실현하려는 의도에서 대외원정을 이용했다는 것이다. 아버지 문제가 수 왕조를 세우는 과정에서 수도 장안(長安)과 관중(關中) 일대 거족세력의 지지가 절대적이었다. 이들 군사 귀족세력과 그들이 거느린 군사력은 언제든지 양제에 반기를 들 수 있는 불안 요소였다. 양제는 아직 이들의 충성심을 믿기 어려웠다.

양제는 군제개혁을 통해 황제의 군사지휘권을 강화하였다. 그리고 대규모 군대 동원과 친정(親征)이라는 방식으로 재확인하고 실행하였다. 대표적인 사례가 607년에 50만 대군을 거느리고 북방 돌궐을 순행한 것이었다. 그리고 2년 뒤인 609년에는 토욕혼에 대한 정벌에도 직접 나섰다. 이 두 차례의 순행과 정벌에서 양제는 소기의 목적을 달성하였다. 대규모 군사를 동원하고 친정하면서 직접 지휘권을 행사하여 수많은 신료들과 장군, 군사들 앞에서 황제의 권위를 높이고, 군사통수권자로서의 위상을 실제 확인할 수 있었다. 세 차례의 고구려 정벌이 수 양제의 친정으로 이루어진 것은 그 연장선이었다.

양제가 황제의 절대적 권위에 집착한 것은 분명해 보인다. 문제가 고구려에 보낸 국서에서는 고구려에 '칭신(稱臣)'을 요구하는 데 그쳤다. 그러나 돌궐을 굴복시키고 서역을 복속시킨 양제는 황제를 정점으로 하는 새로운 천하질서를 만들고자 했다. 고구려 정벌 시에 내린 양제의 조서에서는 영양왕의 실정(失政)을 꾸짖으며 백성들의 위무를 천명하고 있는데, 이는 고구려민을 자신의 백성으로 상정한 것이다. 이러한 양제의 자의식에 의해 내린 조서는 고구려 원정 때 수나라 군대의 행동을 제약하는 요인이 되기도 했다. 이처럼 수 양제의 고구려 원정에는 여러 원인과 동기가 복합적으로 작용하였지만, 무엇보다 양제 자신의 욕망과 전쟁 의지가 가장 큰 요인으로 보인다.

토욕혼에 대한 정벌을 끝낸 양제는 608년에 황하 변의 낙양과 탁군(涿郡: 지금의 北京 일대)을 연결하는 영제거(永濟渠)를 착공하여 609년에 완성하였다. 탁군은 고구려 원정을 위한 사령부가 세워질 곳이었으니, 이 영제거 대운하는 바로 고구려 원정을 목적으로 건설한 것이었다.

양제의 고구려 원정 준비

수 양제는 610년 12월 고구려 원정을 위한 예비 명령을 내렸다. 다음 해 2월이 되자 양제 자신도 강도(江都)를 떠나 용주(龍舟)를 타고 영제거를 통해 탁군으로 이동했다. 양제가 탁군에 만든 임삭궁(臨朔宮)에 도착한 때는 4월이었다. 탁군에서 다시 고구려 원정의 조서를 내려 전국의 병사를 모두 징발하여 탁군에 모이도록 명령했다. 이와 별도로 동래(東萊: 지금의 烟台)에서 300척의 전선(戰船)을 급조하도록 했고, 양자강과 회수 이남에서 수군 병력 7만 명을 동원하였다. 또 전국 각지에서 군량미를 탁군으로 운송토록 했다. 마침내 612년 1월까지 탁군에는 113만 명이 넘는 어마어마한 군사가 집결했다.

수 양제는 탁군에서 또 다른 행사를 준비하고 있었다. 서돌궐의 살나가한(薩那可汗)과 고창국(高昌國) 국왕 등 주변 강국의 통치자를 불러모았다. 자신의 위엄을 다시 천하에 알리고 싶었던 것이다. 양제의 위세에 눌려 탁군까지 불려온 이들은 100만 대군의 군세를 보고, 이 대군의 원정 대상이 자신의 나라가 아님을 천만다행으로 여겼을 것이다.

612년 정월, 양제는 고구려 원정군에게 출진 명령을 내렸다. 『수서』에 따르면 당시 동원된 수의 육군은 좌익 12군, 우익 12군, 총 24군이었다. 군사 수가 너무 많아서 한꺼번에 출정하지 못하고 매일 1군씩 보냈는데, 서로 40리 떨어지게 하였다. 이렇게 하여 앞뒤로 이어진 출정군의 깃발이 960리에 뻗쳤다. 그 뒤를 양제가 직접 거느리는 어영군 6개 군이 출진했는데, 이 행렬 또한 80리나 되었다. 이렇게 하여 40일 만에야 출정이 다 끝났는데, 모두 113만 3,800명이었다고 기록하고 있다. 그런데 『수서』 기록에 따르면 군사말고도 치중(輜重)을 담당한 인원이 2배, 즉 200만여 명에 이르렀다고 한다.

과연 고구려 정벌에 이렇게 어마어마한 병력을 동원할 필요가 있었을까? 수 문제가 중국 대륙을 통일하기 위해 남조 진을 정벌할 때 동원한 군사가 52만 명이었다. 그 2배가 훌쩍 넘는 군사를 고구려 원정에 동원했다는 것은 양제가 고구려의 군사력을 그만큼 크게 평가했기 때문일까?

아버지 문제가 평원왕에게 보낸 협박성 국서에는 "왕은 요수의 넓이가 장강과 비교하여 어떠하며, 고구려 인구 수가 진나라와 비교하여 어떠하다고 여기는가"라는 구절이 있다. 양제의 생각도 이와 다르지 않았을 것이다. 오히려 고구려를 가벼이 여겨 단숨에 원정이 성공하리라 자신했던 듯하다. 그렇다면 양제는 왜 이렇게 엄청난 군대를 동원했을까?

필자의 추정은 이렇다. 양제는 고구려와 전쟁을 하려고 백만 대군을 동원한 게 아니다. 아니 백만 대군을 동원함으로써 고구려로 하여금 아예 싸울 생각을 포기하게 만들려고 한 게 아닌가 싶다. 그래서 유일하게 자신에게 굴복하지 않은 고구려 영양왕을 무릎 꿇게 만들고, 평양성에서 수많은 군사와 관료와 여러 복속국 군주 앞에서 자신이 천하를 제패한 진정한 천자임을 과시하고 싶었던 것이 아닐까?

수 양제의 군대는 백만이 넘었을까

612년 수 양제가 동원한 고구려 원정군은 113만 3,800명이었으며 군량을 나르는 자는 그 배였다는 『수서』 기록을 믿을 수 있을까? 역사상 전무후무한 병력이다 보니, 역사서의 기록이 곧이곧대로 믿기지 않는다. 한번 구체적으로 따져 보자.

『수서』에 기록된 수나라 육군의 편제를 보면, 각 군단은 기병, 보병, 치중융차산병(輜重戎車散兵) 등으로 구성되어 있었다. 먼저 기병은 4단(團)이 있고, 각 단은 10대(隊)로 구성되는데, 각 단은 100명이 속해 있었다. 즉 1군의 기병 수는 4,000명이었다. 보병도 4단이 있고, 보병의 각 단은 20대로 구성된다. 다만 각 대의 보병 수는 기록이 없어 1군의 보병 수를 8,000명, 혹은 1만 6,000명으로 보는데, 기병과 마찬가지로 1대당 100명으로 본다면 8,000명일 가능성이 높다. 치중융차산병의 수도 이견이 있지만 대략 1만 3,000명으로, 이를 합하면 1군의 병력 수는 총 2만 5,000명으로 구성되었다고 볼 수 있겠다. 그렇다면 육군이 좌익 12군, 우익 12군, 모두 24군이었으니, 24군×2만 5,000명 =60만 명이다.

여기에 수 양제가 직접 거느린 어영군이 6개 군이었다. 어영군 1군의 규모가 어떠한지는 불분명하지만 일단 육군의 1군과 동일하다면 6군×2만 5,000명 =15만 명이다. 수군(水軍)의 경우 징발 관련 기사를 보면 대략 7만 명 규모로 추정할 수 있다. 지금까지 계산한 수를 합하면 82만 명에 이른다.

그렇다면 113만 3,800명이라는 수는 다소 과장된 것일까? 이 계산은 1군을 2만 5,000명으로 계산한 결과이며, 1군을 3만 2,000명 혹은 3만 7,000명으로 보는 견해에 따르면 달라질 수 있다. 예컨대 나중에 우문술 등이 거느린 별동대는 9개 군, 30만 5,000명인데, 대략 1군이 3만 3,100명 남짓한 규모가 된다. 이 수를 적용하면 육군 30개 군에 100만 명 정도의 군사가 된다. 다만 여러 기록을 통해 1군당 2만 5,000명의 군사로 보는 것이 가장 적절하다.

그렇다고 113만 명이 넘는 수가 과장되었다고 생각하지는 않는다. 『수서』 열전이나 금석문 등 사료에는 24군에 포함되지 않은 여러 군단 이름이 등장한다. 또 매일 1군씩 출진하는 데 총 40일이 걸렸다는 기록으로 보면 40개 군단이 편성되었을 가능성도 있다. 그리고 수 양제의 친위군은 1군 규모가 훨씬 더 컸을 수도 있다. 따라서 육군 40개 군단에 수군을 합하면 기록대로 충분히 113만 명 이상의 군사가 동원되었다고 판단된다.

다만 각 군마다 치중병참부대가 함께 구성되어 있었기 때문에, 기록에 보이는 군량을 수송하는 200만 명이 넘는 인원은 실제 고구려 원정에 동원된 군사라기보다는 전쟁 준비 과정이나 후방에서 군량 지원 등을 담당했던 인원을 가리킨다고 추정된다.

이와 같이 100만 명이 넘는 대규모 군사력과 맞선 당시 고구려의 군사력은 어느 정도 규모였을까? 전혀 기록이 없지만, 멸망기의 고구려 인구가 대략 70만 호 정도라는 기록에 의해 350만 명 정도의 인구 규모를 상정하면 비상시 총력전 상황을 고려해도 대략 30만여 명을 넘기기 어려웠다고 추정한다. 그리고 남부 신라 전선에 배치된 군사력을 제외하면 요동과 평양 일대에서 수군과 맞설 수 있는 군사력은 더 적었을 것이다. 이러한 압도적인 군사력의 차이가 수 양제로 하여금 고구려가 쉽게 굴복하리라고 오판하게 했을 것이다.

제4장

요하전투와 요동성전투, 승전의 숨은 주역

요하전투

수 양제는 612년 정월에 탁군을 출발했다. 598년 1차 원정 때 6월에 임유관을 출발했던 것과 비교하면 출정 시기를 5개월 이상 앞당긴 셈이다. 1차 원정이 실패했던 요인 가운데 하나였던 홍수철을 피하겠다는 계산이 아닌가 싶다. 뒤집어 생각하면 양제는 장마와 더위가 닥치기 전에 충분히 평양성에 이르러 고구려를 굴복시킬 수 있으리라고 판단했던 모양이다.

양제의 군대는 임유관을 거쳐 유성(柳城: 지금의 朝陽)을 지나 노하진(瀘河鎭)과 회원진(懷遠鎭)에서 군량 등 군수물자를 보급받고, 대략 3월 초에는 요하(遼河)에 이르렀던 것으로 보인다. 당시 요하를 건너는 교통로는 대략 세 경로가 있었다. 북로는 지금의 신민(新民)에서 심양(瀋陽)으로 이어지는 교통로로, 후일 고구려와 당의 전쟁 때 당의 장수 이적(李勣)이 통정진(通定鎭)에서 요하를 건넌 경로였다. 중로는 지금의 태안(台安), 요중(遼中)에서 요양으로 이어지는 교통로로, 양제가 이끄는 주력부대가 회원진에서 요하를 건너 요동성에 도착한 경로였다. 남로는 지금의 반산(般山)에서 요하 하구를 지나 해성(海城)이나 개주(蓋州)로 이어지는 교통로이다.

수의 대군이 북로와 남로를 이용했는지는 문헌상으로는 확인되지 않지만, 남로는 이용했을 가능성이 높다. 왜냐하면 양제는 최전방에 해당하는 회원진과 노하진에서 군수물자를 공급하도록 했는데, 노하진을 경유할 경우 남로를 이용하는 것이 이동거리가 짧기 때문이다. 나중에 별동대를 구성하는 부대 중에 이 남로를 이용한 부대가 포함되었으리라 추정한다.

요하에 이르기까지는 대체로 수의 경내였기 때문에 진군이 순조로웠다. 요서에 고구려의 전진기지인 무려라(武厲邏)가 있었지만, 수의 대군이 다가오자 바로 철수시켰던 모양이다. 별다른 저항을 받지 않고 수의 대군은 요하에 이르렀다. 그런데 요하에 다다르자 요하 건너편에서 수 대군의 도강을 저지하려는 고구려 수비군이 기다리고 있었다. 수나라 대군은 세 개의 부교(浮橋)를 만들어 건너려고 했지만, 고구려 수비군은 수군의 도강을 막기 위해 치열한 전투를 벌였다. 이 전투에서 수 선봉군 지휘관인 맥철장(麥鐵杖)과 전사웅(錢士雄), 맹차(孟叉) 등 여러 장수들이 전사할 정도로 첫 전투는 격렬했다. 양제는 다시 부교를 완성하고 도강을 시도했다. 계속되는 전투에서 마침내 고구려군의 저항선도 무너지고 말았다. 거의 한 달 가까이 지체하고 3월 말에야 가까스로 대군이 요하를 건널 수 있었다.

기록이 너무 소략하다 보니 그동안은 이 요하전투를 대수롭지 않게 여겼다. 그런데 3월 초에 요하에 다다른 수군이 4월 말 5월 초에 들어서야 제대로 요동성을 공격하기 시작했음을 보면, 거의 두 달 가까운 시간을 지체한 셈이다. 거기에는 요하전투가 결정적이었을 것이다. 이렇게 고구려 요하 수비대는 수 양제 군대의 도하를 저지하면서 1개월 이상의 시간을 벌었다. 이 기간은 후방의 고구려군이 전선을 준비하고 방어망을 재구축하는 데 매우 요긴한 시간이 되었을 것이다. 그렇게 보면 요하전투는 곧 612년 전쟁을 고구려의 승리로 이끌어간 첫 전투였다고 평가할 수 있다.

수 양제는 요하를 건너자 다시 조서를 내렸다. 천하에 사면을 베풀고, 형부상서 위문승(衛文昇) 등에게 명하여 요하 동쪽의 백성을 위무하게 하고, 10년 동안 조세를 면제해 주고 군현을 두어 통치하게 하는 내용이었다. 이러한 조서의 내용은 고구려 영역 내의 주민을 수 황제의 백성으로 삼는다는 뜻이었다. 이런 연장선에서 장수들에게 다음과 같은 명령도 내렸다.

> 고구려가 만약 항복하면 마땅히 어루만져서 받아들일 것이며 군사를 풀지 마라.
>
> -『자치통감』 권181

고구려 원정에 필요한 군사와 물자를 준비하는 과정에서 가혹한 수탈과 노역으로 온갖 원성을 산 양제가 정작 적국의 땅에 와서는 가장 인자한 황제로서 행세하려고 했다는 게 아이러니하다. 물론 이런 명령은 양제 자신이 이 원정의 주인공이고, 여러 조처는 자신을 돋보이게 하려는 데 중점이 맞추어져 있었음을 보여준다.

요동성전투

요하를 건넌 수의 대군은 4월 말부터 요동성을 포위하고 공격하기 시작하였다. 요동성은 요동 지역 고구려 방어체계의 중추였다. 이 성이 무너지면 고구려 최전선 방어체계가 흔들릴 가능성이 높았으므로, 이 점을 간파한 양제가 요동성을 첫 번째 목표로 정한 것이다. 양제는 요동성쯤이야 식은 죽 먹기로 해치울 수 있다고 생각했을 것이다. 그래서 양제 본인은 요하를 건너지 않고 회원진에서 행궁(行宮)을 짓고 편안하게 지내고 있었다.

요동성이 아무리 큰 성이라고 해도, 양제의 대군과는 아예 비교 대상이 되지 못했다. 당시 요동성을 지키는 군사력은 어느 정도였을까? 이때의 기록은 없고, 뒷날 645년에 당 태종이 요동성을 공격하였을 때, 요동성에는 군사 2만 명, 성 주민 4만 명, 양곡 50만 석이 있었다고 한다. 양제 침공 시에도 아마 비슷한 규모였을 것이다. 성의 주민 모두가 방어에 투입된다고 하더라도 어린이와 노약자를 제외하면 군사를 합하여 5만 명 남짓이다.

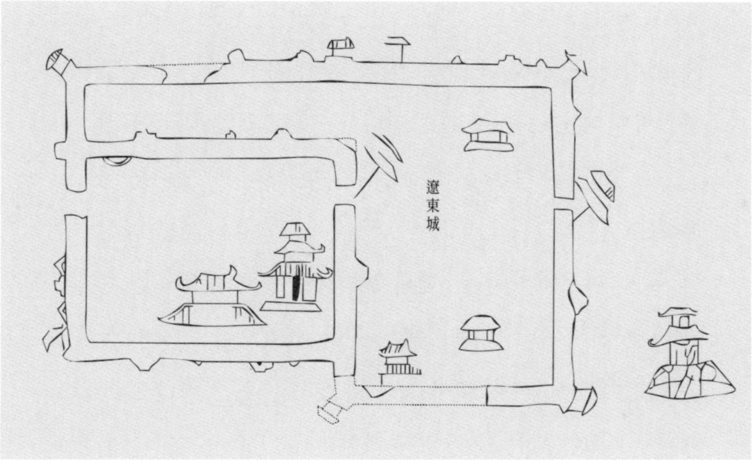

요동성총의 요동성 요동성총 벽화는 4세기 말의 모습이지만, 7세기 초 요동성의 모습도 이와 크게 다르지 않았을 것이다. 동북아역사재단 편, 『고구려성 사진자료집』

이에 비해 요동성을 포위하고 있는 수군은 적어도 수십만 명이었을 것이다. 그 병력은 성을 겹겹이 포위하고도 남을 정도이다. 병력 수에서 요동성의 안과 밖은 너무도 큰 차이가 있었다. 요동성 성벽이 과연 이 큰 차이를 메워줄 수 있었을까? 현재 요동성은 남아 있지 않지만, 고구려 고분벽화에 전하는 모습으로 보아 평지성이었다. 산성의 험준함을 갖추고 있지 않고, 비록 성벽이 아무리 높고 두텁다고 하더라도 현격한 전력 차를 성벽만으로 메우기는 어려웠을 것이다. 그런데 요동성민에게는 두 가지 의외의 행운이 있었다.

요동성 공방전의 상황은 기록이 거의 없어 추정할 수밖에 없지만, 당시 수 대군은 성을 공격할 수 있는 공성도구를 준비하지 않았던 것으로 보인다. 아마도 백만 대군이 진격하면 고구려군은 절로 무너지고 항복할 테니 무거운 공성도구를 끌고 갈 필요가 없다고 판단했던 모양이다. 물론 공성도구는 현지 사정에 맞추어 그때그때 현장에서 제작하는 경우도 많다. 당연히 수 군대도 공성도구를 제작하여 공격에 사용했을 것이다. 그런데 뒤에서 언급하겠지만, 수 양제의 2차 원정 때에는 각종 공성도구들을 구체적으로 기록하고 있음에 반하여, 1차 원정 시 요동성 공격 기사에는 이런 도구들에 대한 기사가 전혀 없다. 아무래도 이를 적극적으로 활용하지는 않았던 것 같다. 그렇다고 해도 워낙에 차이가 나는 전력이라서 공성도구의 활용 여부가 승패를 가르지는 않았을 것이다.

또 다른 행운은 이 원정의 주인공이 되고자 했던 양제가 내린 명령이었다.

모든 군사 일의 나아가고 멈춤을 반드시 나에게 아뢰어 회답을 기다릴 것이며 제멋대로 하지 마라. -『자치통감』 권181

이러한 수 양제의 명령은 요동성 방어에 유리한 환경을 만들었다. 예를 들면 이런 식이다.

요동성이 함락되려 하자 성안 사람들은 항복을 청하였다. 황제의 명이 있었으므로 감히 때에 맞추어 바로 요동성으로 나아가지 못하고, 먼저 양제에게 급히 아뢰었는데, 회답이 올 때쯤에는 요동성의 방어도 갖추어져 다시 항거하여 싸웠다. 이렇게 하기를 두세 번 거듭하였으나 황제가 끝내 깨닫지 못하였으며, 그 후 성은 오랫동안 함락되지 않았다. -『자치통감』 권181

요동성이 쉽게 함락되지 않자 6월 11일에 양제가 직접 요동성 남쪽으로 행차하여 성의 형세를 살펴보고 격노하여 여러 장수를 불러 무섭게 힐책하였다. 그리고 성의 서쪽 수 리 떨어진 곳에 육합성(六合城)을 짓고 머물면서 공격을 직접 지휘하였다. 그러나 요동성은 요지부동이었고, 주변 여러 성도 굳게 지키고 항복하지 않았다.

요하를 건너고 처음으로 공격한 성인데 요동성 하나조차 한 달이 넘도록 함락시키지 못하자 양제는 초조해졌고, 결국 별동대를 구성하여 평양을 직접 공격하도록 했다. 이 별동대가 살수에서 대패한 시점이 7월 초이고, 양제가 군사를 거두고 돌아간 시점이 7월 25일 무렵이었으니, 요동성은 4월 말부터 거의 3개월 가까이 수 대군의 포위 공격을 막아낸 것이다. 양제가 직접 공격을 지휘한 6월 11일부터도 40여 일을 지켜냈다.

수 양제의 침공을 물리친 역사에서 주로 살수대첩을 기억한다. 하지만 필자는 이 전쟁에서 진정한 승리의 주역은 요동성의 군사와 주민이라고 생각한다. 이들이 벌인 석달간의 필사적인 저항이 수 양제와 80만 대군의 진군을 가로막았던 것이다. 만약 요동성이 무너지고, 그래서 30만 명의 별동대가 아니라 양제가 거느린 백만의 본군이 평양성으로 진격했다면 어떤 결과가 되었을지는 결코 장담할 수 없다. 그래서 필자는 이 요동성전투를 이끌었던 요동성주와 주민에게 후일 당 태종 군대의 공격을 물리친 안시성주와 주민에게 바치는 동격의 명예와 찬사를 바쳐야 한다고 생각한다.

제5장

평양성전투와 살수대첩

평양성전투

611년에 수 양제는 양자강과 회수에서 대규모 수군을 징발하였는데, 대략 7만 명에 달하는 병력이었다. 그리고 산동반도 동래에서 선박을 건조케 하였는데, 나중에 황해를 건널 때 함선의 연이어진 모습이 수백 리에 이를 정도로 대규모였다. 양제는 총애하는 내호아(來護兒)에게 수군 부대를 맡겼다.

내호아가 이끄는 수군은 동래를 출발하여 묘도군도를 거쳐 요동반도에 이르고, 여기서 연안 항로를 따라 항해하여 압록강 입구를 지나 패수(浿水), 즉 대동강 입구에 도착했다. 그리고 대동강을 거슬러 올라가 마침내 평양에서 60리 떨어진 곳까지 진군했다. 이들 수군의 행적은 자료상으로 잘 알 수가 없다. 언제 출진하였는지, 어떤 경로로 언제 대동강 입구에 도착하였는지는 불확실하다. 그래서 대략의 상황만 짐작할 뿐이다.

본래 수군 부대의 목적은 군량과 병장기를 가득 싣고 운송하여 양제가 지휘하는 육군이 평양으로 진격해 오면 이들에게 군수품을 보급하는 것이었다. 수나라 군대가 워낙에 대군이라 육군의 치중대만으로는 원활하게 보급할 수 없었기에 바닷길을 통한 군수품 보급이 필요했다. 따라서 내호아가 이끄는 수군의 출진 및 항해 일정도 육로군의 진격과 보조를 같이 맞출 예정이었을 것이다. 그런데 예상과는 달리 양제가 이끄는 육군이 두 달 가까이 요동성에서 발이 묶이면서 내호아의 수군이 대동강 입구에 먼저 도착하게 되었다.

영양왕은 군사를 총동원하여 평양성 밖에서 수십 리 진용을 갖추고, 동생 건무(建武)로 하여금 선봉대를 이끌고 수의 수군을 공격케 하였다. 이에 내호아가 반격하니 고구려군이 많은 군사를 잃고 모두 성안으로 퇴각했다. 첫 전투에서 승리한 내호아는 승세를 타고 평양성을 공격하려 서둘렀다. 그러자 부총관 주법상(周法尙)이 육군이 오기를 기다렸다가 함께 평양성을 공격해야 한다고 만류하였다. 그러나 첫 전투의 승리에 도취된 내호아는 이를 뿌리치고 정병 4만 명을 이끌고 단독으로 평양성 공격에 나섰다. 내호아가 거느린 군사가 평양성이 이르자, 고구려군은 맞서 전투를 벌이는 척하다가 거짓으로 패하여 성안으로 도망하였고, 수 군사들이 성안으로 쫓아 들어갔다. 이 모든 게 고구려군의 유인전술이었음을 내호아는 미처 깨닫지 못했다.

평양성 시가지의 풍요로운 모습에 수 군사들은 정신을 차리지 못하고 약탈하기에 바빠 대오가 흩어졌다. 이때 성안의 절에 매복하고 있던 고구려군이 일시에 반격하였고, 진영을 갖추지 못한 수군은 대패하고 말았다. 내호아와 수천 명 병사만 탈출하여 군선으로 퇴각하였다. 이후 수의 수군은 대동강 입구 포구에서 진을 치고 있었으나, 이때의 패배로 인해 나중에 수 별동대가 도착하였을 때에 군수품의 보급이 불가능한 상황이 되었다.

이 평양성전투가 일어난 시점을 특정하기는 어렵지만, 주법상이 육군과 함께 공격하자고 만류했음을 고려하면 수 양제가 별동대의 진격을 명령한 이후가 아닐까 싶다. 별동대에게 평양 공격 명령을 내린 시점도 특정하기 어렵지만 대략 6월 중순 이후가 될 것이다. 그렇다면 평양성전투는 대략 6월 말쯤으로 추정된다.

뛰어난 전술로 평양성전투를 승리로 이끈 인물은 건무였다. 그는 내호아 군대와의 전투에서 500명 결사대를 이끌고 적을 유인했으며, 평양성 외성에서도 군사를 이끌고 반격하여 수 군사들을 궤멸하는 주역을 담당하였다. 뒷날 영양왕이 후사가 없이 죽은 뒤 왕제 건무가 자연스레 왕위를 잇게 된 데에는 이때의 승리도 한몫했을 것이다.

건무와 영양왕만이 아니라, 전술상으로 평양성을 적에게 내준 귀족들이나 일반 주민들 모두가 수나라 군사와의 전쟁에서 주역이라고 볼 수 있다. 수의 대규모 침공에 대응하는 고구려의 전략과 전술을 보면, 국가를 지키기 위해 고구려 전 주민들이 공동체로서 결집하는 모습을 보여주고 있다. 너무

나 압도적인 대군을 동원한 수 군대와의 전쟁에서 고구려는 모든 국력을 기울여 대항해야 했다. 실제로 당시 고구려가 구사한 전략과 전술은 스스로 적지 않은 희생을 감수하는 방식이었다.

이러한 면은 수의 수군을 유인한 평양성전투에서 잘 드러나고 있다. 도성인 장안성은 평산성(平山城)으로서 북성, 내성, 중성, 외성으로 나뉜 구조를 갖춘 복합식 성곽이었다. 북성은 방어성, 내성은 왕궁성에 해당하고, 중성은 관청이나 주요 귀족들의 거주지였다. 그리고 외성은 귀족을 포함하여 일반 주민 구역을 둘러싼 일종의 나성(羅城)이었다. 당시 수군이 진입하여 약탈을 자행한 나곽 내부는 곧 외성을 가리킨다. 바로 귀족을 비롯한 일반 주민들의 거주지를 적에게 기꺼이 내놓은 것이다. 평양성 안으로 적군을 끌어들이는 유인 전술은 자신의 집 앞마당과 안방을 그대로 적군의 약탈 앞에 내주는 희생을 감수해야 가능하다. 고구려군의 지도부는 수와의 전쟁 과정에서 이러한 전략과 전술에 대한 주민의 동의와 사회적 합의를 이끌어냈던 것으로 보인다.

수의 별동대에 대한 유인전술도 마찬가지다. 적이 사용할 만한 모든 물자와 식량 등을 없애고 농성하는 이른바 청야(淸野)전술은 고구려가 보통 구사하는 전술이지만, 요동에서부터 압록강을 거쳐 수도 평양성까지 이어지는 모든 지역에 청야전

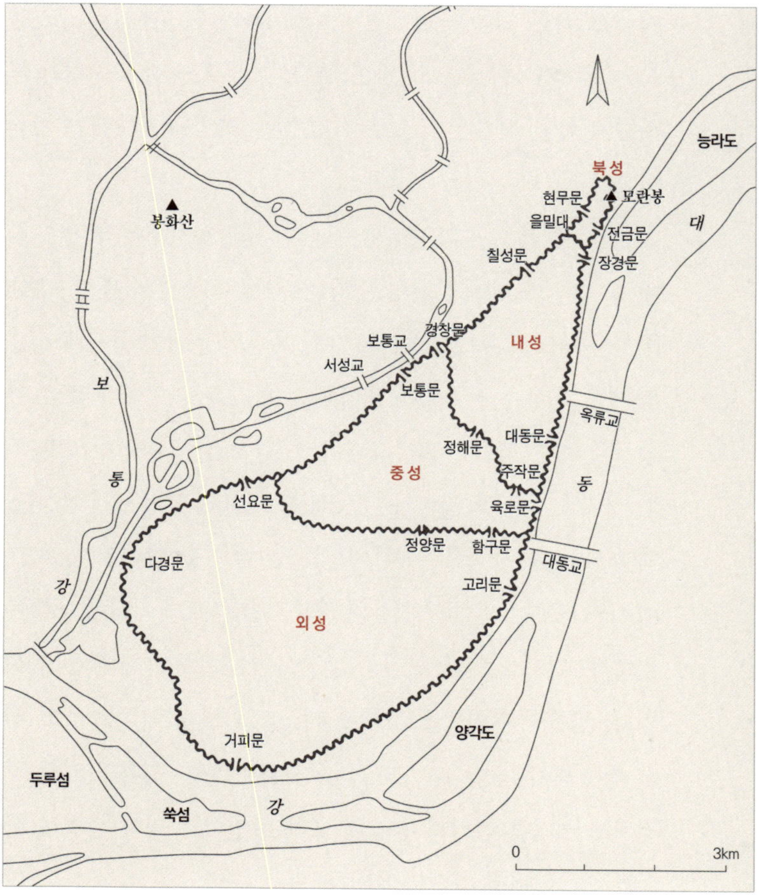

평양 장안성 평면도 동북아역사넷 제공

술을 적용하는 것은 그리 쉽지 않은 결정이었을 것이다. 당시 일반민은 물론 귀족들도 자신의 세력기반이 전쟁터로 쑥대밭이 되는 것을 감수해야 했다. 을지문덕은 우중문이 거느린 별동대를 압록강 일대에서 일차 저지하려는 전술을 시도하지 않았다. 평양성 가까이 깊숙하게 유인한 전술은 대규모 적군의 격퇴를 위해 어떤 희생도 감수하겠다는 공동체 의식이 발현된 결과라고 볼 수 있겠다.

살수대첩

평양성전투 이후 이제 전쟁은 클라이맥스를 향해 치닫고 있었다. 6월 11일부터 수 양제가 직접 요동성 공격을 지휘했음에도 요동성은 난공불락이었다. 예상치 못하게 요동성에 발목이 잡혀 전쟁이 길어지면서 군사들도 지치고 사기가 떨어졌으며, 무엇보다 황제 자신의 체면이 말이 아니었다. 양제는 특단의 돌파구를 마련해야 했다.

이때 양제는 원정 도중에 죽은 대장군 단문진(段文振)의 제안을 떠올렸다. 일일이 고구려성을 함락하면서 전진할 것이 아니라 이를 무시하고 평양을 직공한다는 전략이었다. 양제는 곧바로 9개 군단 30만 5,000명으로 별동대를 편성하여 평양을 직공하라는 명령을 내렸다. 물론 이는 병법상으로 매우 위

대한제국 교과서
『초등 대한역사』에 실린 을지문덕
ko.wikipedia.org(검색일: 2022. 6. 15)

험한 전술이었다. 혹 퇴로를 끊기게 되면 별동대가 몰살될 수도 있기 때문이다. 게다가 보급선을 연결할 수 없기 때문에 보급 문제가 별동대의 약점이 될 수 있었다.

『자치통감』에는 당시 상황을 이렇게 기록하고 있다.

노하진과 회원진에서부터 사람과 말에게 모두 100일 동안의 군량을 주고, 또 방패, 갑옷, 창과 옷감, 무기, 화막(火幕)을 나누어 주니, 사람마다 3섬 이상이 되어 무거워 운반할 수 없었다. 군중에 명령을 내려 "군량을 버리는 자는 목을 베겠다"고 하였으므로, 사졸들이 모두 군막 밑에 구덩이를 파고 묻고 길을 떠났는데, 행군이 겨우 중간 지점에 이르렀을 때 군량이 이미 떨어지려 하였다.

널리 알려져 있는 이 기록에 의해 수 별동대의 문제점이나 을지문덕의 유인전술을 설명하곤 한다. 하지만 이 기록에 보이는 수 별동대의 행태는 매우 비상식적이며, 수의 군대 편제 방식과도 맞지 않는다. 수의 각 군단은 전투병과 치중부대를 함께 편성하고 있었다. 이들 별동대를 구성하는 9개 군단도 마찬가지다. 전투병에게 100일치 군량과 각종 무기를 직접 운반케 한다는 것 자체가 맞지 않는다. 설사 별동대가 치중부대를 운영할 수 없는 어떤 특수한 사정이 있다고 가정하더라도, 병사들에게 100일치를 짊어지게 했다는 것은 사실상 전투 자체를 포기하는 것이나 다름없다.

그리고 별동대는 평양을 직공하기 위해서 편성했기 때문에 가능한 한 빠른 속도로 진군하여 평양에 도착해야 하는 군단이었다. 별동대가 출진하기 전에 내호아의 수군이 보급을 위해 대동강 입구에서 대기하고 있는 상황이었다. 따라서 100일치가 아니라 군장을 가볍게 하기 위해 최소한의 식량만을 갖고 출발하였을 것이다.

이를 확인하기 위해 별동대의 구성 시점에서 평양 도착 시점을 짚어보자. 양제는 6월 11일 직접 요동성 공격을 지휘하다가 뜻대로 되지 않자 별동대를 편성하겠다고 생각했다. 그러하니 요동성을 공격한 지 최소 10여 일쯤은 지난 시점이 아닐까 싶다. 빨라야 6월 20일 무렵 정도로 판단해도 좋을 것

고구려의 선제 공격(598)
수 문제의 침입(598)
수 양제의 1차 침입(612)
수 양제의 2차 침입(613)
수 양제의 3차 침입(614)
요
하
고 구 려
영주
(유성)
통정진
회원진
신성
현도성
개모성
백암성
요동성
안시성
건안성
오골성
국내성
백두산
압
록
강
청
천
강
살수대첩(612)
평양성
대
동
강
탁군
임유관
비사성
수
등주
동래
(내주)
하
황
황 해
신 라
한
강
백 제
동

고구려 - 수 전쟁

이다. 별동대가 평양에 도착한 시점에 대해서는 기록이 없지만 평양에서 되돌아오다가 살수에서 대패한 시점이 대략 7월 4일이다. 7월 24일이라는 기록이 있지만, 수 양제의 철군이 7월 25일이기 때문에 살수대첩 그다음 날에 바로 철군했다는 정황은 납득하기 어렵다. 역시 7월 4일 혹은 7월 초 정도로 보는 것이 옳겠다. 그렇다면 별동대 구성 시점에서 평양성에 도착한 시점까지 아무리 넉넉히 잡아도 보름이 되지 못한다. 아마 별동대가 식량 등을 갖고 이동했다고 해도 15일치에서 20일치 이상은 아니라고 본다.

이와 같이 다소 합리적으로 판단한다면 앞의 『자치통감』 기사는 아무래도 의문점이 많다. 그렇다고 해도 100일치 식량 운운하는 대목은 전부 잘못된 내용일까? 이 점도 한번 다시 검토해 보자. 기사를 보면 별동대가 노하진과 회원진에서 출발했다고 하는데, 6월 20일 이후에 그곳에서 별동대가 출발했다고 한다면 이동 거리상 평양에 도착해서 회군하다가 7월 초에 살수에서 패전하는 상황이 불가능하다.

별동대를 구성하는 9개 군단이 노하진과 회원진에서 출발한 점은 맞지만 그 시점은 아마도 수의 본군이 요하를 건너는 시기인 3월 말쯤일 것이다. 이때 9개 군단은 100일치 식량과 군자를 갖고 노하진과 회원진을 출발하였던 것으로 보인다. 아마도 이들 군단은 보급로가 이어지지 못하는 어떤 상황에서 각각 군사작전을 수행한 것으로 짐작된다. 또 이들 9개 군단은 수 군대의 최전방에서 활동했을 것이며, 그래서 평양성에서 가장 가까운 거리에 있다는 이유로 평양성을 직공하는 별동대로 편성된 것이 아닌가 짐작된다. 즉 별동대로 편성된 9개 군단에 주어진 본래의 임무는 수 양제가 이끄는 본군에 앞서서 압록강까지 이르는 여러 교통로를 확보하고 고구려 지원군을 차단하는 것이었다고 추정한다.

그러면 수 별동대의 상황을 좀더 살펴보자. 앞서 추론한 바와 같이 이들 9개 군단이 압록강 서안에서 합류하여 별동대로 재편되어 평양 공격을 시도한 시점은 6월 20일이 지난 이후일 것이다. 9개 군단이 회원진과 노하진을 출발한 시점은 늦게 잡아도 3월 말 무렵이니 별동대를 편성해서 압록강 서안에 도착한 시점인 6월 말경에는 100일치 식량 중 10여 일 정도의 식량 밖에 남지 않았을 것이다.

이런 추정이 옳다면 평양성을 공격하기에는 군량이 부족하거나 빠듯한 상황이었다. 그래서 수 별동대 지휘관 사이에 의견 충돌이 일어났다. 우문술(宇文述)은 군량 부족을 거론하며 진격을 주저하였고, 우중문(于仲文)은 진격을 주장하였다. 당시 서로 각자의 임무를 수행 중인 각 군단의 대장군은 같은 급이었지만, 양제는 개인적으로 총애하고 있던 우중문에게 힘을 실어주었다. 그래서 결국 우중문의 주장대로 별동대는 평

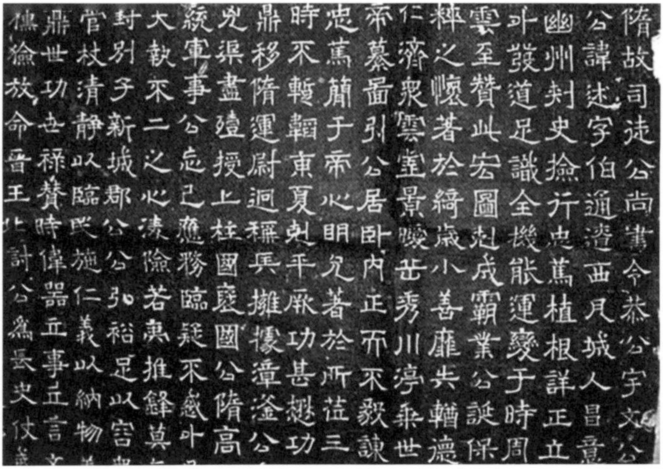

우문술묘지명 중국 섬서성 함양시 경양현 출토

양 공격을 실행했던 것이다.

고구려 지휘부는 이러한 수 별동대의 약점을 제대로 간파하고 있었다. 수 별동대의 지휘체계가 일원화되지 않았다는 점, 식량이 부족하여 수 별동대의 작전 수행 기간이 매우 제한되어 있다는 점 등을 고려해 어떻게 공략할지를 고민했다. 고구려군 지휘부는 적을 고구려 영내 깊숙이 끌어들여 지치게 하고 고립시켜 공격하는 유인전술을 채택했다. 그래서 을지문덕은 거짓 항복으로 수의 진중을 살펴보고, 의도된 패배를 거듭하면서 수 별동대를 평양성까지 끌어들였다.

아마 이 기간에 영양왕과 왕제 건무는 평양성전투에서 내호아의 수군을 유인하여 격파하는 승리를 거두었을 것이다. 즉 보급을 담당할 내호아의 군대와 무엇보다 보급이 절실한 수 별동대의 합류를 막고 각개 격파하는 전략을 세웠던 것이다. 만약 수의 이 두 부대가 평양성에서 합류하게 되면 병력 수만도 최대 37만 명에 가까울 수 있기 때문에 평양성은 상당한 위기를 맞게 된다.

그런데 필자는 수 별동대 9개 군단 30만 대군이 모두 압록강을 건넜다고 생각하지 않는다. 왜냐하면 별동대의 최대 목표는 빠른 진격으로 평양성에 도달하여 공격하는 것이었다. 식량도 부족한 상황인지라 아마도 각 군단 내의 치중대는 남겨 놓고 기동력 있는 보병과 기병이 필요한 식량을 갖고 압록강을 건넜다고 보는 게 타당할 것이다. 『자치통감』에도 이런 추정을 뒷받침하는 내용이 있다.

우문술은 군량이 떨어졌으므로 돌아가려고 하였으나, 우중문이 정예군으로 을지문덕을 쫓으면 공을 세울 수 있을 것이라고 주장하였다. 우문술이 이것을 굳이 말리니 우중문이 성내며 말하였다.

"장군은 10만 군사에 의지하고도 작은 도적을 깨뜨리지 못했으니 무슨 낯으로 황제를 뵈올 것이요? …"

우문술 등이 부득이 그의 말에 따라 여러 장수와 함께 강을 건너 을지문덕을 쫓았다. 을지문덕은 우문술의 군사들에게 굶주린 기색이 있는 것을 보고 짐짓 그들을 피곤하게 만들려고 매번 싸울 때마다 도망가니, 우문술이 하루 동안에 일곱 번 싸워 모두 이겼다.

이 글에서 우중문이 우문술에게 "장군은 10만 군사에 의지하고도" 운운하는 대목이 있는데, 이 10만 군사가 바로 별동대 전투 병력의 총합을 뜻한다고 생각한다. 그리고 "하루 동안에 일곱 번 싸워 모두 이겼다"는 표현 역시 빠른 진격 속도를 의미한다. 또 이 표현은 달리 생각할 여지도 있다. 군대가 이동하면서 하루에 7번 전투를 벌일 수는 있지만, 다소 비현실적으로 느껴진다. 이 문장을 하루에 1회씩 모두 7번 승전했다고 보면 어떨까? 그렇다면 압록강에서 수 별동대를 유인해서 평양성까지 끌어들이는 데 대략 7일 정도 걸린 것으로 볼 수 있다. 압록강에서 평양성까지 거리가 대략 450리 정도로 파악되니, 7일 정도 걸렸다고 한다면 빠른 행군 속도 정도로 볼 수 있다.

수 별동대는 6월 말~7월 초 무렵에 평양성에 도착한 것으로 보이는데, 군량 등 군수물자를 보급하리라 기대했던 내호아의 수군은 이미 평양성전투에서 패배하여 바다로 쫓겨난 뒤였다. 군량이 떨어져 가는데 보급조차 받지 못하게 된 수 별동대는 이미 싸울 의지를 잃고 있었다. 을지문덕은 우문술에게 사신을 보내 "만약 군대를 돌리면 왕을 모시고 행재소로 가겠습니다"라고 거짓으로 항복하면서, 우문술에게 퇴각 명분을 만들어 주었다. 이에 수 별동대는 퇴각하면서 고구려군의 공격을 막기 위해 방형의 진을 치고 행군하였다. 고구려군은 사방에서 일어나 수시로 별동대를 공격하면서, 마침내 살수전투가 벌어졌다. 『자치통감』은 이렇게 기록하고 있다.

가을 7월 임인일, 살수에 이르렀다. 군사들이 절반 정도 건널 즈음 고구려군이 뒤에서 그 후군을 쳐 우둔위장군 신세웅이 죽었다. 여러 군영이 모두 궤멸되어 제지할 수 없었고, 장수들과 사졸들이 도망하여 돌아오는 데 하루 낮 하루 밤 만에 압록수에 도착했다. 그 거리가 450리였다. 장군 천수(天水) 사람 왕인공(王仁恭)이 후방을 맡아서 고구려군을 물리쳤다. 내호아는 우문술 등이 패했다는 소식을 듣고 또한 군사를 이끌고 돌아왔다. 오직 위문승의 군대만이 홀로 온전했다. 처음 9군이 요하를 건널 때 무릇 30만 5,000명이었는데, 돌아와서 요동성까지 도착한 사람은 오직 2,700명뿐이었다. 수많은 군용물자와 무기를 모두 잃었다. 황제가 크게 화가 나서 우문술 등을 쇠사슬로 묶었다.

우리 역사에서 이른바 3대 대첩의 하나로 꼽는 살수대첩과 관련된 기록은 이처럼 간략하다. 수 별동대는 평양성 부근에서 회군하면서부터 고구려군의 파상적인 공격에 시달렸다. 육지에서는 방진으로 어떻게든 버텼는데, 살수를 건너는 동안에는 진영이 흐트러질 수밖에 없었고, 또 수 별동대가 강을 건너기 위해 앞뒤로 나뉘어졌을 때 고구려군은 이를 놓치지 않고 공세를 퍼부었다. 아마 수 별동대는 각 군단 단위로 이동했을텐데, 대부분의 군단이 이때 거의 궤멸에 가까운 타격을 받았을 것이다. 다만 『자치통감』 기사에서 위문승의 군대만이 온전했다는 기술을 보면 어떤 상황이었는지는 몰라도 적어도 1개 군단 1만여 명 전투 병력은 별 타격 없이 살수와 압록강을 건넜던 모양이다.

흔히 살수대첩을 설명할 때 30만 명 별동대가 전멸하여 2,700명만 살아 돌아간 것처럼 기술하고 있는데, 여러 자료로 보아 이는 옳지 않다. 앞서 추정한 바와 같이 일단 압록강을 건넌 부대는 별동대 중 전투 병력 10만 명 정도이고, 또 9군 중 위문승의 군단이 온전하였다면 그 병사 수만도 1만여 명에 이른다. 그리고 아마 압록강을 건너지 않은 치중대를 중심으로 남은 20만 병사는 전투병 군단이 압록강을 건널 때 이미 후방으로 회군하였을 것이다.

이런저런 점을 따져 보면 적어도 30만 대군이 몰살했다는 식의 기술은 사실과 맞지 않는다. 게다가 이렇게 많은 병사들이 죽었다는 상황은 비록 수의 군사라고 하더라도 결코 통쾌한 일이 아니다. 정작 전쟁을 일으킨 수 양제를 비롯한 지배층은 대부분 멀쩡하게 살아 돌아가고, 전쟁에 강제로 동원된 애꿎은 병사들의 가여운 목숨만이 살수에서 희생되었기 때문이다. 살수대첩만이 아니다. 역사상 모든 전쟁이 그러했고, 오늘날 벌어지는 전쟁도 그리 다르지 않다.

양제는 전쟁 패배에 대한 책임이 자신에게도 있다고 절대로 인정할 수 없었다. 별동대의 궤멸을 핑계로 우중문과 우문술 등에게 모든 패전의 책임을 물었다. 그리고 돌아가서는 다시 2차 침공을 준비했다. 살수에서의 패전과 전쟁의 참화에 대한 어떤 반성도 없었다. 전쟁은 그렇게 해서 또 시작된다.

제6장

2차 요동성전투, 그리고 수의 종말

2차 요동성전투

수 양제는 612년 첫 원정의 패배에서 하나도 배우지 못했다. 다시 고구려를 원정할 준비를 시작한 것이다. 이듬해 정월에 전국에 조서를 보내 군사를 징발하여 탁군으로 모이게 하고, 요동의 옛 성을 수리하여 군량을 저장하였다.

양제는 왜 이렇게 고구려 원정에 집착하였을까? 무엇보다 1차 원정의 실패로 손상된 황제의 자존심과 권위를 회복해야 한다는 강박이 컸다고 보인다. 『자치통감』에 실려 있는 다음과 같은 예화가 이를 잘 보여준다.

원정 조서를 내린 다음 달인 2월에 수 양제는 측근들에게 말했다.

고구려 같이 보잘것없는 오랑캐가 우리 큰 나라를 업신여기고 있다. 지금 바다를 뽑고 산을 옮기는 일도 할 수 있는 판인데, 이깟 오랑캐쯤이야!

이에 곽영(郭榮)이란 인물이 이를 만류하였다.

오랑캐가 예의에 벗어나는 일은 저희 신하들이 처리할 일입니다. 천균(千鈞)의 쇠뇌는 새앙쥐를 잡기 위해서 쏘지 않는 법인데, 어찌 천자의 지위에 계시면서 몸소 작은 도적을 상대하려 하십니까?

이 예화에서 엿볼 수 있듯이 양제는 한 줌밖에 안 된다고 생각했던 고구려에게 치욕적인 패배를 당한 후 황제로서의 자존심 회복이 무엇보다 급했다. 그러나 그와 달리 당시 수 조정의 신하들은 대부분 고구려 원정을 반대하는 입장이었다. 더욱이 양제가 친정하게 되면 지난 1차 원정 때와 똑같이 지휘체계가 옥상옥이 되는 상황이 재연될 것을 우려했다.

그러나 양제는 듣지 않았다. 신하들의 반대에도 불구하고 여전히 자신이 직접 군대를 지휘하겠다고 나섰다. 다만 양제도 여러 면에서 전략을 바꾸었다. 이번에는 실제 군사적 효율성을 중시해서 30여만의 원정군을 조직하였다. 여기에는 1차 원정 때에 백만 대군의 보급에 적지 않은 어려움이 있었다는 판단이 작용했던 듯하다. 실제로 1차 원정 패배의 책임을 물어 우문술을 평민으로 강등시켰는데, 2차 원정에 나서면서 양제는 지난 전쟁의 패배는 우문술의 죄가 아니라 보급 문제가 있었던 것이라고 변호해주면서 우문술을 복직시키고 원정에 참여시켰다. 그리고 예부상서 양현감(楊玄感)에게 군량 보급을 철저하게 감독하라고 명령하였다.

공격로도 다변화하였다. 4월에 요하를 건넌 수 양제는 군사를 나누어 지난 1차 침공 시에 별동대를 거느리고 평양을 공격한 경험을 갖고 있는 우문술에게 양의신(楊義臣)과 더불어 평양으로 향하게 하고, 또 왕인공으로 하여금 고구려 신성(新城)을 공격하도록 하였다. 이는 진공로를 여러 갈래로 하여 고구려군의 방어망을 분산시키려는 전략으로 보인다. 그리고 양제 자신은 1차 원정 때 자신에게 패배를 안긴 요동성을 공격하였다.

신성은 요동성과 더불어 요동 방어의 핵심 성으로서, 아마도 요동성에 대한 지원을 막기 위해 신성을 공략케 하였을 것이다. 평양성으로 향했던 우문술과 양의신의 군대도 실제로 평양성 공격이 목적이라기보다는 요동성에서 오골성으로 이어지는 교통로를 차단하여 요동성 구원을 막으려는 목적이었을 것이다.

이렇게 요동성에 대한 고구려 구원군의 길목을 막아 놓고 양제는 지난 원정의 치욕을 씻고자 요동성 공격에 총력을 기울였다. 무력 시위에 중점을 둔 1차 원정 때와 달리 이번에는 양제도 요동성 공격을 위해 단단히 준비하였다. 성을 공격하는 높은 누각인 비루당(飛樓童), 높은 사닥다리인 운제(雲梯), 성벽을 파괴하는 충차(衝車), 성벽 밑 굴을 파서 공격하는 지도(地道) 등 갖가지 최신 공성무기를 총동원하였다. 예컨대 운제의 장대 길이가 15길, 즉 대략 40m가 넘었는데, 수 군사가

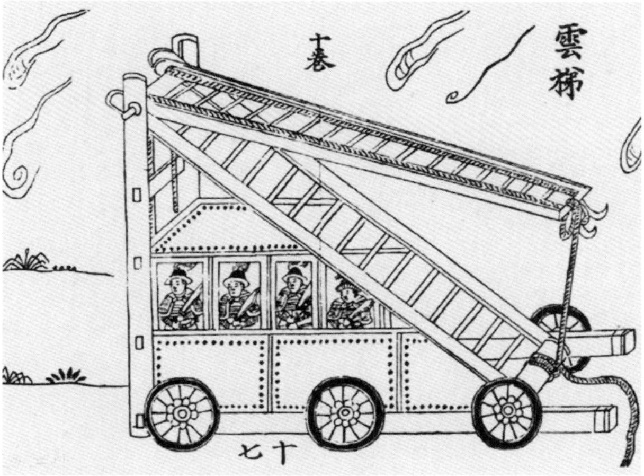

공성용 운제(위)와 충차(아래)
『무경총요(武經總要)』

충제의 꼭대기에 올라가 성을 내려다보면서 공격했다고 한다.

그러나 고구려군의 완강한 저항으로 요동성은 20여 일이 지나도 함락되지 않았다. 수군은 최후의 수단으로 백여만 개의 포낭에 흙을 담아 성과 같은 높이로 나란히 둑을 쌓고 이를 어량대도(魚梁大道)라고 불렀는데, 그 위에서 요동성벽을 공격하였다. 또한 요동성벽보다 훨씬 높은 거대한 수레를 만들어 어량대도를 끼고 성안을 내려다보면서 대대적인 공격을 감행하였다. 이러한 수군의 총공격 앞에 요동성도 함락 위기에 처하게 되었다.

그런데 때마침 후방 여양(黎陽)에서 군량 수송의 책임을 맡고 있던 양현감이 반란을 일으키고, 많은 고관 자제들이 이에 호응한다는 급보가 날아들었다. 사실 지난 수 양제의 1차 원정이 시작되기 전부터 이미 수의 국내사정은 심상치 않았다. 대운하 건설 등 대규모 공사 및 대외원정이 거듭되면서 수의 농민은 피폐해졌다. 여기에 고구려 원정으로 전국에 있는 수백만 농민이 징집되어 병역과 요역에 충당되었고, 민간의 수레와 소·말 등도 대부분 징발되었다. "출정한 사람은 돌아오지 않고, 남아 있는 사람은 본업을 잃었다"는 기록처럼 농촌에서는 노동력이 부족하여 농사를 지을 수 없어 전원이 황폐해지고 농민 경제가 극도로 피폐해졌다.

이러한 상황이 계속되자 마침내 수의 농민들은 각지에서

봉기하였다. 특히 2차 원정 시에는 농민봉기군이 수만 명에서 수십만 명에 이르고, 군현을 점령할 정도로 세력이 확대되었다. 각지에서 농민들이 봉기하는 것을 본 양현감은 정권을 탈취할 목적으로 반란을 일으켜 수의 동도(東都) 낙양을 공격한 것이다. 양제의 진중에 있던 병부시랑 곡사정(斛斯政)은 평소 양현감과 친하게 지내던 터라 처형될까 두려워 고구려에 투항하였다.

이처럼 본국 사정이 급박하게 되자 요동성 함락을 눈앞에 둔 양제도 군사를 돌이키지 않을 수 없었다. 게다가 곡사정의 투항으로 고구려군이 수의 내부 사정을 잘 알게 된 터라 고구려군의 반격을 피하기 위해서 철군을 서두르지 않을 수 없었다. 양제는 산처럼 쌓아 놓은 군수품과 각종 공성도구를 그대로 두고, 보루와 장막도 미처 거두지 못한 채 밤에 몰래 급히 퇴각하였다. 수의 군대가 워낙 대군인데다가, 혹 양제의 계략일지도 모르는 상황인지라 고구려군도 선불리 군사를 움직이지 못하였다. 수군을 추격하다가 미처 요하를 건너지 못한 수만 명의 후미를 공격하여 승리를 거두는 데 만족해야 했다.

수 양제의 2차 침공을 또다시 좌절시킨 요동성전투는 그동안 거의 주목을 받지 못했다. 그러나 필자는 이때의 요동성전투 또한 1차 침공 때의 요동성전투에 못지 않은 평가를 받아야 한다고 생각한다. 양제는 1차 때와 달리 2차 침공 시에는 아예 요동성 함락을 목표로 하여 최신 공성도구들을 총동원하였다. 이런 최신 공성구 중에는 고구려군으로서도 낯선 무기가 적지 않았을 것이다. 그렇지만 임기응변으로 적절하게 대응하여 이 공성구들을 무력화시켰다. 양제는 마지막 공성용 토목공사로 어량대도라는 거대한 토루를 쌓았다. 이 토루는 후일 당 태종이 안시성을 공격할 때 최후의 수단으로 쌓은 토산을 연상시킨다.

수 양제 군대가 그대로 두고 간 갖가지 공성무기와 토루 건축 등은 고구려인들에게 중국 측 공성 방식을 파악할 수 있는 좋은 자료가 되었을 것이다. 후일 당 태종이 고구려를 침공할 때, 특히 안시성에서 장기간 항전할 때에 당군의 공격을 무력화시킬 수 있었던 고구려군의 대응 역시 이때 수 양제 군대의 공격 방식이나 공성도구에 대한 철저한 분석과 대비가 있었기 때문에 가능했다고 생각한다. 뜨거운 항전 의지만으로는 승리를 얻을 수 없는 법이다.

고구려·수 전쟁 총결산

요동성에 대한 총공세를 눈앞에 두고 양현감의 반란으로 부득이 군사를 돌릴 수박에 없었던 양제는 반란을 진압한 뒤, 이듬해 614년 2월에 다시 조서를 내려 고구려 정벌을 의논케

하였다.

하지만 신하들은 눈치만 볼 뿐 감히 이를 만류하는 용기를 갖고 있는 자가 없었다. 연거푸 2년 동안 고구려 정벌의 욕망을 접지 못하고 엄청난 대군을 동원하는 지경이라면, 거의 강박적인 집착이라고 하지 않을 수 없을 게다. 그러니 누가 감히 양제 앞에서 고구려 정벌을 비판하는 말을 꺼낼 수 있겠는가.

3월에 탁군에 도착한 양제는 다시 군사동원령을 내렸다. 그리고 탁군에서 임유관을 거쳐 7월에 최전방 군수기지인 회원진에 도착하였다. 그러나 수의 군사 동원시스템은 이미 붕괴되고 있었다. 징발된 군사들이 기일을 어기고 도착하지 못한 자가 수두룩했다. 그러니 양제도 아무리 마음이 급하지만 더 이상 진격하지 못하고 회원진에 머물며 군사 동원만 재촉할 뿐이었다.

다만 수군(水軍)을 거느리고 출전한 내호아만이 산동반도에서 요동반도로 건너가는 길목에 있는 비사성(卑沙城)을 공격하여 승리를 거두는 의외의 성과를 거두었다. 하지만 아직 육로군이 요하를 건너지도 못한 상황에서 수군 단독으로 더 이상 진격할 수 있는 상황은 아니었다.

그 즈음 수 양제 진영에 영양왕이 보낸 고구려 사신이 도착하였다. 곧 영양왕이 수의 조정에 들어가서 항복하겠다는 뜻을 전하는 사신이었다. 그리고 2차 원정 때 양현감의 반란에 연루될까 두려워 고구려로 망명한 곡사정도 함께 송환했다. 고구려는 양제로 하여금 군대를 돌이킬 수 있는 명분을 근사하게 만들어준 것이다. 내심 이러지도 못하고 저러지도 못하고 있던 양제는 얼른 고구려의 항복 의사를 받아들였다. 영양왕의 친조(親朝)를 조건으로 내세우고 서둘러 군사를 돌이켰다. 그러나 입조하여 항복하겠다던 영양왕은 끝내 나타나지 않았다. 영양왕의 입조가 이루어지지 않자, 양제는 615년 10월 고구려 원정을 다시 꺼내들었으나 군신의 반대가 심해 결국 수 멸망 때까지 실행하지는 못했다. 고구려 원정에 이제는 양제의 최측근까지도 결사 반대하고 나선 것이다.

수 양제는 세 번에 걸쳐 고구려 원정군을 동원하였는데, 113만이 넘는 군대를 거느렸던 1차 원정 때에는 요동성과 평양성, 살수에서 치욕적인 패배를 당하고, 30만 군대를 동원한 2차 원정에서는 후방의 반란으로 실패하였다. 그런데 3차 원정은 군사 동원도 뜻대로 되지 않아 요하를 건너지도 못했고, 수의 국내 사정은 2차 원정 못지 않게 불안정한 상황이었는데, 고구려는 그런 상황을 역이용하여 철군의 명분을 만들어주었다. 결국 수 양제는 가장 취약한 군사력을 갖고 오히려 고구려왕의 항복이라는 목적을 이룬 셈이었다. 이는 이제 두 나라 사이에서의 주도권을 고구려가 갖게 되었음을 뜻한다.

거듭되는 고구려 원정에서 아무런 성과를 거두지 못하고 실패가 이어지자, 주변 국가의 입장에서 볼 때 이제는 수 양제가 더 이상 두려운 존재가 아니었다. 천하를 통일하고 기세등등했던 양제의 위세가 땅에 떨어졌다. 양제가 고구려 원정에 집착했던 이유도 자신의 위신이 고구려 원정에서 추락했기 때문에 결국 고구려를 굴복시킴으로써 되찾을 수밖에 없다고 판단했을지도 모른다.

무엇보다 돌궐이 세력을 회복하여 수를 위협하고 있었다. 예컨대 615년 8월 양제는 북방 순수길에 나섰는데, 이 소식을 들은 동돌궐의 시필가한(始畢可汗)이 군대를 동원하여 양제를 추격하여 9월에 안문(鴈門: 지금의 산서성 代縣)에서 양제를 포위하였다. 급박한 순간에 시필가한의 부인인 의성공주가 꾀를 내어 돌궐군을 철수시켜 겨우 곤경을 면하였다. 의성공주는 양제의 누이로서 동돌궐에 시집가서 파란만장한 인생을 살았는데, 후일 양제가 살해되고 수가 멸망한 뒤에도 수 왕실을 지키기 위해 애를 쓴 인물이다. 그런데 안문성에서 돌궐군에 포위되었을 때 신료들은 양제에게 이렇게 조언하였다.

> 폐하께서 군사들을 위로하고 다시는 고구려 정벌을 하지 않겠다는 약속을 하시면 군사들이 모두 사기가 올라 분투하여 폐하를 지킬 것입니다. –『자치통감』 권182

이 예화는 수 조정과 군사들 사이에 고구려 정벌이 얼마나 두려운 일이었는지를 잘 보여준다. 왜냐하면 수많은 돌궐군이 겹겹이 포위하고 있는 상황에서 눈앞의 돌궐군보다 고구려 정벌길에 나서는 게 더 두려운 일이라고 생각했으니 말이다. 수 양제 백만 대군의 패배가 당시 중국인들에게 얼마나 큰 충격을 주었는지 짐작할 수 있겠다. 이는 후일 당 태종이 고구려 정벌을 위해 신하들과 장안의 유력자들을 설득하는 데 애를 먹어야 했음에서도 확인할 수 있다.

반대로 고구려의 국제적 위상은 크게 올라갔다. 주변의 어느 나라도 고구려가 수의 엄청난 대군을 패퇴시키리라고는 상상하지 못했을 것이다. 그런데 고구려의 거듭되는 승리로 귀결되자 더 이상 수를 두려워하지 않았다. 오히려 고구려라는 이름이 강렬한 이미지로 주변국에 회자되었다.

물론 수에서도 얻은 바가 결코 적지 않다. 수는 4차에 걸쳐 대규모 고구려 원정을 시도했는데, 원정이 거듭되면서 전쟁을 치르는 무기체계나 공성술, 출정 시기나 공격로 등이 개선되고 다양해졌다. 원정 자체는 실패했지만, 고구려를 공략할 수 있는 유효한 전략과 전술을 축적할 수 있는 경험을 얻게 되었다. 이런 경험은 후일 당 태종이 고구려를 정벌할 때 유효하게 활용되었다.

여러 차례 대규모로 치러진 고구려·수 전쟁은 그 자체만으로도 동북아시아에서 이제까지 한 번도 없었던 가장 극적이고 역사적인 사건이었다. 그렇기 때문에 고구려와 수 당사국뿐만 아니라 주변 여러 나라도 숨죽이고 전쟁의 경과와 승패를 지켜보았고, 전쟁 결과에 따라 동북아시아 정세가 다시 요동치기 시작하였다. 새롭게 만들어지는 판세에서 그동안 얻은 경험과 기억으로부터 누가 더 많이 배웠는지가 이후 역사에 영향을 주었다.

고구려 원정의 실패는 그 누구보다 양제에게 치명적인 타격을 주었다. 고구려 원정의 실패만 없었더라면 양제는 중국 역사상 명군(名君)의 반열에는 들지 못해도, 중원을 통일하고 돌궐과 서역을 거느려 최초로 천하를 제패한 군주라는 명성은 충분히 얻었을 것이다. 고구려 정벌에 대한 집착은 양제 자신의 명을 단축시켰고, 왕조를 멸망케 하였으며, 역사상 가장 포악한 군주라는 오명만을 남겼을 뿐이다.

제7장

당의 등장,
그리고 외교적 타협

당, 중원의 새 주인공으로 등장하다

수 왕조 말기 각지에서 일어난 농민군의 봉기로 수의 지배체제가 무너지자, 이에 편승하여 각지의 관료세력이 수 정권에 반기를 들고 일어났다. 당(唐) 왕조를 세운 이연(李淵)도 그중 하나였다. 이연의 조부는 북주의 개국공신으로 당국공(唐國公)에 추봉되었는데, 이연은 조부의 작위를 이어받았고, 615년에는 태원(太原)의 유수(留守)로 임명되었다.

이연은 수 양제 양광과는 이종사촌 관계였다. 그러나 당시 각지의 반란이 확대되는 정세 속에서 이연도 3만 명의 군사를 모아 617년 5월에 반기를 들었다. 그는 양제가 강도(江都)에 있는 틈을 타서 태원으로부터 남하하여 황하를 건너 관중(關中)에 들어갔고, 그곳 호족·지주들의 지지를 얻어 삽시간에 장안을 함락하고 위수(渭水) 유역을 장악하였다. 당시 여러 군웅들이 낙양을 놓고 자웅을 겨루는 동안, 이연은 수도 장안이 갖는 가치에 주목하였다. 무엇보다 수 왕조를 잇는다는 명분을 얻을 수 있었다.

장안을 차지한 이연은 양제를 폐위하고 황태손인 양유를 황제로 추대하고 자신은 수의 대승상 자리를 맡았다. 618년에 양제가 강도에서 우문화급(宇文化及)에게 살해 당하자, 이연은 양유로부터 선양을 받아 당 왕조를 개창하고 황제의 자리에 올랐다. 수 왕조를 찬탈한 것이다. 그가 당 고조(高祖)이다. 따지고 보면 수 왕조는 문제가 북주 왕조를 찬탈하여 세웠는데, 그 종말 역시 당에 찬탈당해 사라지게 되었다.

새로 건국된 당 왕조 앞에 놓인 과제는 농민 봉기로 표출되었던 민심을 수습하고, 각지에서 할거하고 있는 지방세력을 통합하여 무너졌던 지배체제를 다시 구축하는 것이었다. 아울러 중국의 내란을 틈타 다시 세력이 강성해진 돌궐을 견제하는 것도 대외적 과제였다. 당시 화북지방에는 많은 지방세력이 할거하고 있었는데, 이들은 북방 돌궐과 연결되어 스스로 신하를 칭하고 돌궐의 봉호를 받들고 있었다. 이연도 예외는 아니었다. 당을 건국하는 과정에서 돌궐에 대해 신하를 칭하고, "만일 장안에 입성하게 되면 토지와 백성은 당에게 돌리고, 금·옥·비단은 돌궐에게 돌리겠다"고 공언하는 실정이었다. 실제로 당 건국 초기에 돌궐은 사신을 장안에 파견해 재물을 거두어 갔고, 한편으로는 다른 지방 할거 세력으로 하여금 당을 견제하도록 조정하고 있었다.

626년 7월, 당의 건국 과정에서 공훈이 혁혁했던 왕자 이세민은 정변을 일으켜 형 태자와 동생을 처단하고 아버지 고종을 압박하여 양위를 받아 황제에 올랐다. 그가 당 태종이다. 태종은 왕자 때부터 각지에서 세력을 펼치던 지방세력을 병합하는 데 큰 공을 세웠다. 그런데 지방세력을 병합하는 과정에서 북중국 일대에 영향력을 행사하고 있던 돌궐과의 대결을 피할 수 없었다. 626년 태종의 즉위 초에는 돌궐 힐리가한(頡利可汗)이 10만 대군을 이끌고 장안 부근의 위수까지 진입하여 당에 심각한 위협을 주기도 하였다. 하지만 중원의 혼란에 편승한 돌궐의 우위는 그리 오래가지 못했다. 628년 중원을 통일한 당은 돌궐을 정벌하기 위해 병사를 훈련시키고 반격의 기회를 엿보고 있었다.

중국의 분열을 이용해서 세력을 키웠던 돌궐은, 정작 중국이 다시 통일되었을 때, 자신은 분열되어 서로 다투고 있었다. 동돌궐의 힐리가한은 계민가한(啓民可汗)과 내분을 벌이고 있었고, 627년에는 돌궐에 예속되어 있던 철륵(鐵勒)·설연타(薛延陀)·회흘(回紇) 등이 모두 반기를 들었다. 설상가상으로 627년 혹한으로 가축이 대규모로 죽는 조드(dzud)가 발생하면서 수많은 말과 양을 잃는 타격을 입었다.

기회를 엿보던 당 태종은 629년에 설연타와 동맹하고, 630년 정월 이정(李靖)에게 10만 대군을 주어 동돌궐을 공격케 하였다. 기고만장하던 힐리가한은 무기력하게 무너졌다. 당군은 돌궐병 10여만 명을 참수했고, 가축 수십만 마리를 노획했다. 포로가 된 힐리가한과 돌궐인 5만 명이 장안으로 끌려왔다. 그해 3월, 항복한 돌궐의 군장들은 태종에게 '천가한(天可汗)'이라는 칭호를 올림으로써 막북(漠北) 최고의 군주임을 인정했다. 태종은 중국 역사상 최초로 중원의 군주 '황제'와 막북의 군주 '천가한' 칭호를 동시에 받은 명실상부한 천하의 군주 자리에 오른 것이다.

북중국을 압박하던 동돌궐 세력이 맥없이 무너지자 당의 동서에 포진하고 있는 주변 여러 나라는 위기감에 사로잡혔다. 사실 북방의 돌궐 세력은 중국 왕조로 하여금 좌우 다른 곳으로 눈길을 돌리지 못하게 하는 억지력을 행사하고 있었던 셈이다. 그런데 그런 억지력이 사라짐으로써 이제 통일된 중원의 힘이 어느 방향으로 팽창해갈지 모를 일이었다. 고구려라고 예외가 될 수 없었다.

영류왕과 당 고조, 온건 노선을 택하다

당이 건국될 무렵 고구려에서도 정치적 변화가 있었다. 618년 9월에 영양왕이 죽고 영류왕이 왕위에 올랐다. 영류왕은 영양왕의 이복동생으로서 이름은 건무였다. 영양왕의 직계가 없는 상황에서 제1순위 왕위계승자였다. 그리고 영류왕에게도 동생이 있었는데, 후일 아들(보장왕)이 왕위에 오름으로써 대양왕으로 추존된 인물이다. 영양왕이 사망한 후 영류왕과 대양왕 사이에 왕위계승을 둘러싼 갈등이 있었는지 여부는 알 수 없다. 다만 연개소문(淵蓋蘇文)이 정변 이후 대양왕의 아들 보장을 왕위에 즉위시킨 사실에서 연개소문 가문과 대양왕이 서로 손을 잡고 영류왕과 대립하고 있지 않았을까 추정하는 견해가 있기는 하다. 건무가 단지 왕제(王弟)로서 왕위에 오른 것은 아니다. 그가 612년 수의 침입 당시 평양성전투를 지휘하여 수의 수군을 격파한 무훈도 고려해야 한다. 수와의 전쟁에서 그는 을지문덕에 못지 않은 승리의 주역이었다.

그런데 영류왕이 즉위한 해가 당이 건국된 해와 같은 해라는 점에서도 영류왕대의 주요 과제가 당과의 관계, 나아가서는 동아시아 국제정세와 연관될 가능성이 높았다. 선왕인 영양왕의 재위 기간이 수의 중원 통일에서 멸망까지 운명을 같이했다면, 영류왕의 재위는 당과 운명적으로 얽힌 셈이다.

영류왕은 즉위한 이듬해인 619년 2월에 바로 당에 사신을 보냈다. 이후 고구려와 당은 표면적으로는 화평한 외교관계를 유지하였다. 영류왕대에 고구려가 당에 대해 온건화평책을 추구했다면, 당 고조 역시 고구려에 대해 온건화평책을 취하고 있었다. 돌궐과의 대결이 급박했던 당으로서는 고구려와의 관계를 개선할 필요가 있었기 때문이다.

이러한 당 고조의 온건화평책은 고구려의 독자적 세력권을 인정하는 입장으로 이어졌다. 고조의 다음과 같은 말이 이를 잘 보여주고 있다.

명분과 실제 사이에는 모름지기 이치가 서로 부응해야 된다. 고구려가 수에 신하를 칭하였으나 결국 양제에게 거역하였으니 어찌 신하라 하겠는가. 내가 만물의 공경을 받고 있으나 교만하지는 않겠다. 다만 모든 사람이 편안히 살 수 있도록 힘쓸 뿐이지, 어찌 신하를 칭하게 하여 스스로 존대함을 자처하겠는가.

-『구당서』 권199, 고려전

그런데 그 자리에서 배구와 온언박(溫彦博) 등은 "고구려가 신하를 칭하지 않음을 허용해서는 안 된다"며 반대 주장을 했다. 배구는 수 양제의 고구려 정벌을 부추긴 대표적인 강경론자였다. 결국 당 고조도 자신의 입장을 철회하였는데, 이는 언제든지 당의 조정 내에서 고구려에 대한 강경론이 부상할 가능성을 보여주었다. 그러나 당 고조 시기에 양국은 평화관계를 유지하고 있었다.

622년에는 당의 요청으로 고구려와 수의 전쟁 때 포로를 교환하였고, 624년에는 고구려가 당에 책력(冊曆) 반포를 요청하였다. 이에 고조는 영류왕을 책봉하고, 고구려에 도교의 최고 신인 천존상(天尊像)과 도사를 보내 노자(老子)를 강의케 하였다. 당 황실은 성씨가 같다는 명분으로 노자와 도교를 숭앙하였는데, 당과 고구려는 이를 매개로 우호적인 관계를 유지하려는 외교정책을 펼쳤다.

당 태종, 강경책으로 돌아서다

626년 8월에 당 태종이 즉위하면서 고구려에 대한 태도가 바뀌어 양국 사이에 긴장감이 점점 높아지고 있었다. 625년, 626년에 신라와 백제는 각각 당에 사신을 보내 고구려가 조공길을 막으니 이를 견제해달라고 요청하였다. 이는 물론 당의 세력을 이용하여 고구려를 견제하려는 신라와 백제의 외교 전략이었다. 이를 명분으로 당은 626년에 삼국에 사신을 파견하여 삼국 사이의 강화를 중재하고자 했다. 하지만 고구려가 이를 거부하면서 실패하고 말았다. 당시 당은 여전히 지방 할거 세력을 진압하고 있었으며 돌궐과의 대결에 부심하고 있던 터라, 고구려에 영향력을 행사할 힘을 갖고 있지 못했다.

628년 당이 중원을 통일하고 돌궐을 격파하면서 정세가 달라지기 시작하였다. 630년 정월에 당 태종은 돌궐의 힐리 가한을 사로잡았다. 당시 국제정세에 민감하게 대응하고 있던 고구려 정부와 영류왕도 이를 눈치채고 곧 축하하는 사절과 봉역도(封域圖)를 당에 보냈다. 봉역도를 당에 보낸 것은 당과의 화평책을 유지하려는 영류왕의 노력으로 보인다. 이 봉역도는 고구려의 영역을 표시한 지도이다. 이를 당 태종의 신하가 되겠다는 뜻으로 해석하기도 하는데, 반대로 고구려 땅의 경계가 어디까지라는 것을 분명하게 보여주어 자신의 세력권을 지키겠다는 의지로 읽을 수도 있다.

돌궐을 굴복시킨 뒤에 당으로서는 더 이상 두려울 게 없었다. 고구려에 대해서도 서서히 강경한 태도를 취하기 시작했다. 631년 8월 당은 고구려가 수와의 전쟁에서 승리한 것을 기념하기 위하여 수나라 군사들의 유골을 모아 세운 경관(京觀)을 헐어버렸다. 물론 이 경관 파괴가 꼭 고구려를 겨냥한 조처만은 아니었다. 당은 이미 여러 해 전부터 수 왕조 때 전사자를 수습하는 조처를 내렸고, 고구려 경관의 파괴도 그런 조처의 일환이었다. 하지만 경관을 세운 고구려로서는 이를 명백한 위협으로 받아들이지 않을 수 없었다. 영류왕은 바로 당과의 외교관계를 끊고 거의 매년 당에 보내던 사신을 640년까지 보내지 않았다.

한편 그전부터 고구려 정부도 당의 군사적 침공 가능성을 충분히 감지하고 있었기에, 이를 대비해 642년 1월에 천리장성을 쌓는 대역사를 시작하였다. 부여성에서 발해만까지 이어지는 천리장성은 16년 동안 축조되었다. 이 천리장성의 실체가 무엇인지에 대해 현재 학계에서 논란이 많지만, 어쨌든 고구려가 당의 침공에 대비한 강경책도 병행하고 있다는 증거이다. 물론 이후에도 영류왕과 고구려 정부는 외교관계의 끈을 놓지 않았다.

당시 당의 관심은 서역에 쏠려 있었다. 634년 토욕혼, 638년에 토번(吐蕃), 640년에는 고창을 차례로 정복하여 서역에 대한 지배력을 확보하였다. 나아가 641년에는 돌궐을 대신하여 서북방의 위협으로 떠오른 설연타마저 정벌하여 서역 일대를 손에 넣었다. 북방과 서방을 손에 넣은 당 태종의 다음 행보가 어디로 향할지는 불 보듯 뻔했다.

고구려 영류왕은 640년 당이 고창을 정벌했다는 소식에 그동안의 소원한 관계를 청산하고 태자 환권(桓權)을 당에 사절로 파견하였다. 아울러 귀족들의 자제를 보내어 당의 국학(國學)에 입학할 것을 청하였다. 사실 백제와 신라가 모두 자제들의 국학 입학을 요청하고 있었던 점을 고려하면, 고구려의 이런 유화책이 그리 특별하다고 볼 수는 없다. 다만 영류왕의 입장에서 태자를 적국이 될지도 모르는 당에 파견한 것은 어쩌면 인질이 될 수도 있는 위험을 감수하면서도 당과 적극적으로 화친하겠다는 태도를 보인 것이다.

하지만 당 태종은 이런 고구려의 유화책으로 만족할 수 없었다. 태종과 그의 군신들의 머릿속에는 수 양제 때 고구려 정벌의 무참한 패배가 각인되어 있었다. 아무리 고구려가 겉으로는 머리를 숙여도 결코 당의 신하가 될 수 없다고 판단하였다. 게다가 당 태종은 '황제천가한'으로 만족할 수 없었다. 동방마저 직접 자기 손에 넣어 최초로 진정한 '천하'의 군주가 되고 싶은 야망을 가졌고, 또 이를 실현할 힘도 있었다. 당 태종은 동방으로 군대를 이끌 명분만 찾고 있었다.

제8장

642년,
대전환의 해

연개소문, 정변을 일으키다

642년 10월, 고구려 장안성 남쪽 벌판에서 연개소문은 열병식을 벌이다가 정변을 일으켜 열병식에 참여한 대신 100여 명을 살해하고 궁궐에 난입하여 영류왕을 살해하였다. 그런 다음, 영류왕의 동생 대양(大陽)의 아들 장(臧)을 새 고구려왕으로 내세우고 권력을 장악하였다.

연개소문은 왜 정변을 일으켰을까? 『신당서』 등 중국 측 역사서는 여러 대신들이 영류왕과 더불어 연개소문을 죽이기로 몰래 의논했는데, 그만 이런 모의가 누설되어 연개소문이 반격을 꾀한 것으로 기록하고 있다. 그런데 『삼국사기』 고구려본기에는 다소 다른 내용을 전하고 있다. 642년에 영류왕이 연개소문에게 천리장성 쌓는 일을 감독하게 했다는 것이다. 아마도 연개소문을 중앙 정계에서 멀리 보내 그의 세력을 약화시키려는 의도가 아니었을까 짐작된다.

중국 측 기록과 고구려 국내 전승기록을 종합해 보면 영류왕 및 대신들과 연개소문 사이의 불화가 연개소문이 정변을 일으킨 배경이 되고 있다. 양측의 갈등은 이미 연개소문의 아버지가 죽고 연개소문이 아버지의 관직을 세습하는 과정에서도 불거졌었다. 중국 측 기록에는 연개소문의 성격이 포악하여 대신들이 반대하다가, 연개소문이 사죄하여 마지못해 동의

중국 사화 문헌에 그려진 연개소문

『新刊全相 唐薛仁貴過海征遼故事』라는 책에 실린 '莫利支飛刀對箭(막리지의 비도가 활과 맞서다)'이라는 제목의 삽화이다. 당 태종(위)을 두고 연개소문(아래)과 설인귀(중간)가 대적하는 장면이다. 이 책은 1967년 중국 상해시 가정현(嘉定縣)의 옛 무덤에서 발굴된 사화(詞話) 중 하나로, 명 성화 7년(1471)에서 14년(1478) 사이에 북경에서 간행되었다.

했다고 한다.

하지만 이런 기록만으로 연개소문이 정변을 일으킨 이유는 잘 파악되지 않는다. 중국 측 기록대로 영류왕과 대신들이 과연 연개소문을 살해하려고 모의했을까도 의문이다. 당시 연개소문이 그럴 정도로 위상이 높았다고 보기 어렵기 때문이다. 또 이들이 연개소문에게 호의적이지 않더라도 그의 부직 승계를 아예 가로막은 것은 아니었기 때문에 이를 이유로 삼기도 곤란하다.

그리고 대신들이 연개소문의 열병식에 대거 참여했음을 보면, 그에 대해 그리 경계심을 갖고 있었던 것도 아니다. 영류왕과 대신들이 연개소문을 살해하려고 모의했다는 기록은 어쩌면 정변 이후 연개소문이 자신의 정변을 합리화하기 위해 유포한 거짓 정보일지도 모른다. 어쨌든 연개소문의 정변에는 좀더 복잡한 정계의 속사정이 있을 수도 있다는 생각이 든다. 정변 이후 영류왕의 동생 대양왕의 아들인 보장을 왕위에 올린 것을 보면 이미 그 이전부터 대양왕과 연개소문 가문 사이에 모종의 정치적 결탁이 있었을 것이라는 추론도 있다. 현재로서는 더 이상 연개소문 정변의 배경을 알기 어렵지만, 어떤 상황에서든지 연개소문 자신의 권력욕이 중요한 동기가 되었으리라는 점은 분명하다고 보인다.

그런데 연개소문의 정변을 전하는 『일본서기』 기록에 의하면 연개소문은 정변 이후 직접 전면에 나서지 않고 같은 성씨인 도수류금류(都須流金流)를 대신으로 내세웠다고 한다. 연개소문이 정변의 주역이고 실권자임은 당에서도 즉시 파악할 정도로 누구나가 다 아는 사실이었지만, 명분상으로는 연개소문이 한발 뒤로 물러나 있는 모양새를 취한 것이다. 집권 직후 연개소문은 왜 한발 물러나 있었을까? 왜 가문의 다른 인물을 내세웠을까? 현재로서는 별다른 자료가 없어서 확인하기 어렵다. 다만 연개소문의 나이에 주목하고 싶다.

642년 정변 시에 연개소문이 몇 살인지는 알기 어렵다. 장남인 남생이 634년생이니, 연개소문은 8살 아들을 둔 나이였다. 남생이 15살 무렵에 아들을 두었고, 또 광개토왕이 20살에 장수왕을 얻었던 사례를 보면 대략 15~20세 무렵에 결혼했다고 볼 수 있다. 연개소문이 20살에 결혼했다고 치면 642년 정변을 일으킨 때에 대략 30살 전후가 된다. 오늘날과는 많이 다르겠지만, 그래도 30살 무렵에 최고 집권자의 자리에 오른다는 것은 부담스러웠을지도 모르겠다.

642년 연개소문의 정변은 영류왕을 포함하여 대신 100여 명을 살해한 대규모 정변이었다. 『일본서기』 기사에서는 이보다 훨씬 많은 180여 명으로 되어 있다. 이 정도 수라면 아마 당시 대신급 인물 거의 대부분을 제거한 것이라고 보아도 무방하다. 100명 혹은 180여 명의 대신을 제거한 중앙 정국은 연개소문의 독점적 권력이 유지될 수 있는 조건이 되었지만, 동시에 연개소문 정권의 인적 기반은 매우 취약해지게 되었다.

한반도에서의 정세 변화

연개소문이 정변을 일으킨 642년은 고구려에서만 커다란 변화가 나타난 것이 아니다. 한반도 내 삼국 간의 역관계에서도 장차 삼국의 운명을 결정짓는 정세 변화가 시작되는 시점이기도 하다.

641년에 즉위한 백제 의자왕은 곧바로 신라에 대한 공세를 강화했다. 642년 7월에는 신라 서쪽 경계의 40여 성을 함락시켰으며, 8월에는 양국 사이의 요충지인 대야성(大耶城)마저 차지하였다. 게다가 642년 혹은 643년에 백제와 고구려가 연합하여 신라의 서해안 항구인 당항성(黨項城)까지 공격하였다. 특히 백제와 고구려가 연합한 당항성전투는 한반도 내 세력 판도가 재편되었음을 보여주는 사건이라는 점에서 눈길을 끈다. 백제는 의자왕이 즉위하면서 신라 공격에 집중하기 위해 친고구려정책으로 입장을 바꾸었고, 고구려 역시 642년에 정변으로 권력을 장악한 연개소문이 신라에 대한 강경책을 취하였다. 그 결과 고구려와 백제 간의 본격적인 연합이 이루어졌던 것이다.

642년 겨울, 신라의 김춘추가 고구려를 방문하였다. 10월에 연개소문이 정변으로 정권을 장악한 직후였다. 김춘추가 찾아온 목적은 고구려와 평화협정을 맺고 백제와의 전쟁에 전념하기 위해서였다. 그해 8월에 신라는 백제의 공격으로 서부 전선의 요충지인 대야성을 빼앗겼고, 이는 신라 조정에 큰 충격을 주었기 때문이다. 게다가 이 전투에서 김춘추는 딸과 사위를 잃었으니 개인적으로도 백제에 복수하고 싶은 마음이 간절했을 것이다.

그런데 보장왕은 신라가 빼앗아간 한강 유역을 되돌려 주지 않으면 협상할 수 없다는 조건을 걸었다. 이는 물론 연개소문의 요구이기도 했지만, 영양왕대 이래 고구려의 정책 기조이기도 했다. 이렇게 연개소문은 집권 직후 신라에 대해서 강경한 입장을 보였다. 신라 김춘추의 강화 요구를 거절했을 뿐만 아니라 이후에도 신라에 대한 군사적 압박을 늦추지 않았다.

644년에 신라의 요청으로 당이 보낸 사신 상리현장(相里玄奬)이 중재에 나섰을 때에도 신라가 고구려의 옛 땅을 돌려줄 것을 조건으로 내세워 중재를 거부하였다. 물론 연개소문의 대신라정책은 과거 영양왕대의 대신라정책과 맥락을 같이한다. 만약 연개소문이 당 태종의 요구에 굴복하여 신라에 대한 압박을 포기한다면 이는 가뜩이나 취약한 정권의 기반을 더욱 취약하게 만드는 명분이 될 수도 있다고 판단했을 것이다. 하지만 당과의 전쟁을 앞두고 배후의 신라를 적대세력으로 돌린 것은 이후 고구려 멸망의 대외적 요인이 되었다는 점에서 연개소문의 대신라정책은 큰 실책이라고 볼 수 있다.

한편 백제는 여전히 고구려와 당 양국에 대해 양면외교를 전개하고 있었다. 그리하여 645년에 당 태종이 고구려를 정벌할 때에 신라는 군사 3만 명을 파견하여 고구려 남부 전선을 공격하는 등 적극적으로 당을 지원한 것과는 달리, 백제는 무기 등을 헌상하는 등 소극적인 태도를 취하였다. 이에 당은 백제의 행보에 대해 의심의 눈길을 보냈다.

결국 신라는 한반도에서 고립된 상황에 처하였다. 642년 고구려와의 협상이 실패로 돌아가고, 고구려와 연합한 백제는 마음 놓고 신라에 공세를 펼치고 있었다. 이제 신라는 마지막으로 당과의 관계에 국운을 걸게 되었다.

연개소문과 그의 가문

연개소문이라는 이름값과 달리, 그에 대한 기록은 별로 없다. 고구려 자체의 전승은 매우 드물고, 그나마 남아 있는 기록은 중국 측 자료가 대부분이다. 그의 가문에 대한 기록은 더 적다. 그런데 다행스럽게 1923년에 중국 낙양시 북망산에서 연개소문의 큰아들 남생(男生)의 묘지(墓誌)가 발견되었다. 그 뒤로 셋째 아들 천남산(泉男産)의 묘지, 남생의 아들 천헌성(泉獻誠)의 묘지가 차례로 발견되었다. 가문 후예들의 묘지가 전해지면서 연개소문 가문에 대해 좀더 풍부한 정보를 얻게 되었다.

그중 〈천남생묘지〉에 가문에 대한 정보가 자세한 편인데, 이 자료는 묘지라는 매체의 성격, 그리고 멸망한 나라의 망명 귀족 집안이 타국에서 남긴 기록이라는 점 등을 고려해서 읽어야 한다.

공의 성은 천(泉)이고 이름은 남생(男生)이며 자는 원덕(元德)으로 요동군 평양성 사람이다. 먼 계보를 보면 샘(泉)에서 나왔으니, 신(神)에 의탁하여 복을 받고 생겨난 것으로 인해 성씨를 삼았다. … 증조부 자유(子遊), 할아버지 대조(大祚)는 모두 막리지(莫離支)를 맡았고, 아버지 개금(盖金: 연개소문)은 태대대로(太大對盧)를 맡았으니, 조부가 쇠를 잘 부리고 활을 잘 쏘아(良冶良弓) 병권을 쥐고 나라의 권세를 오로지하였다. -〈천남생묘지〉

먼저 천(泉)이란 성씨에 대해 잠시 짚고 넘어가야 겠다. 우리 측 기록에는 연(淵)씨로 되어 있는데 이것이 옳다. 중국 측 기록은 당 고조 이연의 '연(淵)'을 피하여 비슷한 뜻을 가진 '천(泉)'씨로 고친 것이다.

이 묘지에서는 연개소문의 할아버지 자유, 아버지 대조가 모두 막리지를 역임하였다고 기록하고 있다. 할아버지 자유와 아버지 대조는 언제 활동했던 인물일까? 일단 확실한 남생의 탄생년으로부터 거꾸로 추적해가는 수밖에 없을 것이다.

묘지에 의하면 남생은 634년생이다. 그때 아버지 연개소문의 나이는 몇 살이었을까? 역시 남생의 행적으로부터 유추할 수밖에 없다. 〈천헌성묘지〉에 의하면 남생은 651년에 첫 아들을 얻었다. 대략 남생은 15살 정도에 결혼한 셈이 된다. 아마 15세 무렵이 당시 결혼연령이었던 모양인데, 넉넉하게

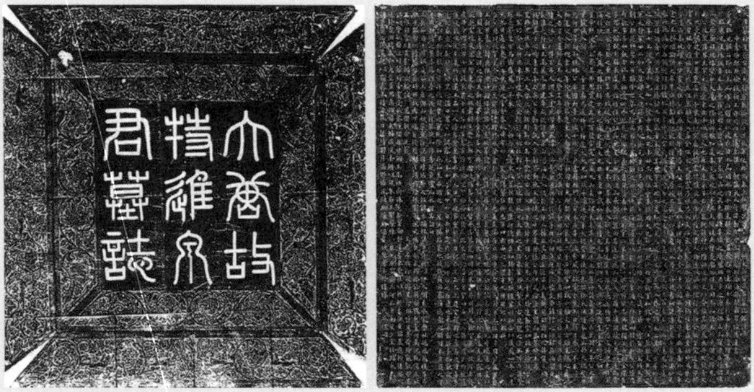

천남생묘지 탁본

15~20세 정도를 적용해 보자. 그러면 연개소문의 출생년은 대략 615년 전후가 된다. 영양왕 말년 무렵이다. 아버지 대조가 죽어서 부직을 연개소문이 잇게 되는 상황은 곧 연개소문이 맏아들이라는 뜻이다. 비슷한 결혼연령으로 계산하면 아버지 대조의 출생년은 대략 600년 전후, 즉 영양왕 재위 초년이다. 이렇게 따져 올라가면 할아버지 자유의 주된 활동시기는 영양왕 때, 아버지 대조의 활동시기는 영류왕 때임을 알 수 있다. 어디까지나 단순 계산이지만, 대략 연개소문 가문은 평원왕 후반 무렵부터 두각을 나타냈다고 보면 그리 무리가 없다고 생각한다.

연개소문 가문을 크게 일으킨 주인공은 할아버지 자유인데, 그의 활동시기가 영양왕대임을 고려하면, 수와의 전쟁에서 혁혁한 공을 세웠던 게 아닌가 추정해 본다. 게다가 막리지라는 최고위 관직에 오른 것을 보면 그 공훈이 꽤나 컸던 모양이다. 어쨌거나 할아버지 자유 때부터 가문이 크게 일어났다고 한다면, 연개소문 가문은 신흥 귀족가문이라고 볼 수 있다.

제9장

당 태종과 연개소문, 전쟁을 선택하다

당 태종과 연개소문, 강경책으로 맞서다

당 태종은 고구려 정복의 욕망을 일찍부터 갖고 있었던 듯하다. 다만 서역이 아직 안정되지 않았기 때문에 그 뜻을 드러내지 않고 있었을 뿐이다. 640년 5월에 서역의 고창국을 정복하고, 641년에 새 강자로 흥기하던 설연타마저 대파하여 서역 일대를 안정시켜 후환을 덜은 이후에 고구려 원정의 뜻을 굳혔다. 이는 641년 7월에 고구려에 진대덕(陳大德)을 사절로 보낸 사실에서 짐작할 수 있다.

당시 진대덕은 병부 소속인 종5품 직방낭중(職方郎中) 자리에 있었는데, 이 직무는 국내외 군사정보를 얻어 지도나 보고서를 작성하는 일이었다. 이런 직무를 가진 인물을 고구려에 사신으로 보낸 것은 태종이 고구려를 원정할 때 필요한 여러 지리정보 등을 얻기 위해서였다. 진대덕은 고구려에 들어온 뒤 평양으로 가는 도중에 경승지를 좋아한다는 핑계를 대고 가는 성읍마다 관리들에게 비단을 후하게 주어, 산천이나 성곽, 교통로 등에 대해 세세한 정보를 수집할 수 있었다고 한다. 그는 8월에 당으로 돌아가서 수집한 정보를 당 태종에게 보고하였고, 태종은 보고 내용에 매우 기뻐했다.

그러면 당시 고구려 관리들은 과연 진대덕이 중요한 군사정보를 수집하는 것을 몰랐을까? 수와의 격전을 치른 경험이 있고, 더욱이 천리장성을 축조하면서 당에 대한 경계심을 늦추지 않고 있는 상황에서 이를 몰랐을 가능성은 없다고 본다. 오히려 의도적으로 고구려의 견고한 방어태세를 보여줌으로써 당으로 하여금 침공의 뜻을 접게 하려는 목적이 있지 않았을까 추정해 본다.

그 후에도 당은 부지런히 고구려에 사신을 보냈다. 태종은 641년 진대덕 파견부터 전쟁 직전인 644년까지 4년 동안 다섯 차례나 사신을 고구려에 보냈다. 이는 당 초기부터 640년까지 18년 동안 사신 파견이 네 차례에 불과했음과 비교하면 빈도가 매우 높다. 이때의 사신 파견이 전쟁을 앞두고 정보를 수집하려는 의도가 있었음을 짐작할 수 있다. 고구려 역시 마찬가지였다. 640년에 세자 환권이 당에 사절로 간 이후 여러 차례 사신을 파견하였는데, 외교적인 목적 이외에 당의 내부 정세나 전쟁 발발의 분위기를 파악하기 위한 임무가 있었을 것이다.

이렇게 당 태종이 고구려 원정을 결심하고 준비를 갖추고 있을 때, 고구려에서는 가급적 외교적인 유화책을 꾀하면서 전쟁을 피하고자 하였다. 정권을 장악한 연개소문도 마찬가지였다. 정변 이듬해인 643년 정월에 고구려는 당에 조공 사신을 보냈으며, 이어 3월에는 연개소문의 건의에 따라 당에 사신을 보내 도교를 청하였다. 태종은 이에 응하여 도사 8명

당 태종 이세민

과 『노자도덕경(老子道德經)』을 고구려에 보냈다. 보장왕과 연개소문은 불교 사찰을 빼앗아 도관으로 삼아 도사들을 머물게 하였으며, 또 도사를 유사보다 윗자리에 앉게 할 만큼 예우하였다. 연개소문의 도교정책은 당 왕실이 노자를 조상으로 받드는 분위기를 염두에 두고 영류왕 때 당에 도교를 구한 것과 마찬가지로, 당 태종의 환심을 얻기 위한 외교정책으로 보인다. 이에 당은 643년 윤6월에 보장왕을 책봉하는 방식으로 화답하였다.

644년 정월에 당 태종은 사농승(司農丞) 상리현장에게 조서를 주어 고구려에 사신으로 파견하였다. 상리현장을 파견한 명분은 전해인 643년에 신라가 고구려와 백제의 공격을 막아달라고 당에 하소연했다는 데에 두고 있다. 이 태종의 조서에는 신라에 대한 고구려의 군사행동을 중단하지 않으면 당이 정벌하겠다는 경고를 담고 있었다. 연개소문으로서는 이런 협박성 요구를 받아들일 수 없었다. 상리현장이 돌아가 연개소문의 거부 의사를 보고하니, 당 태종은 곧바로 고구려 정벌을 준비하라고 명령하였다. 사실 상리현장을 파견한 것은 연개소문이 이를 거부하리라고 보고 원정의 명분으로 삼으려는 뜻이었다.

애초에 이 전쟁은 고구려의 태도와는 관계가 없었다. 당 태종의 야심과 관련된 것이었기 때문이다. 태종은 중국 중심의 천하질서를 실현하려는 강한 욕망을 갖고 있었다. 그는 이미 중원과 막북의 유일한 지배자인 '황제천가한'으로서 자부하고 있었다. 그의 야심은 동방 삼국마저 자신의 지배 아래 거느리는 명실공히 최고의 황제가 되는 것이었다. 더욱이 만백성 위에 중화적 법과 질서를 구현하고 있는 자신의 치세에, 왕을 죽이고 권력을 독단하는 연개소문과 같은 '대역죄인'이 공존한다는 것은 도저히 용납할 수 없는 일이었다.

연개소문 역시 전쟁을 선택했다. 당 태종의 침략 명분이 자신의 정변에 맞추어져 있었기 때문이다. 정변이라는 비정상적인 방식으로 어렵사리 권력을 장악한 연개소문으로서는 태종에게 굴복하여 쉽게 권력을 내줄 생각은 전혀 없었다. 사실 연개소문이 끝까지 당과의 항전을 계속한 것은 자주적 의지의 표현이라기보다 달리 타협의 여지가 없었기 때문이다.

여기서 눈여겨볼 점은 당과 전쟁하면서 오히려 연개소문의 권력기반이 강화되었다는 점이다. 연개소문이 정변을 통해 정권을 장악하였다고 하더라도, 그것은 어디까지나 중앙 정계에서의 상황이었다. 지방에서는 독자적인 무력기반을 갖추고 있던 귀족들이 연개소문에 굴복하지 않았다. 대표적인 예가 안시성주였다. 연개소문은 그들과 서로의 지위를 인정하는 선에서 타협하지 않을 수 없었다. 집권 초기 연개소문의 권력기반은 불안한 상황이었다. 그런데 당의 침공이 시작되자 국가적 존망의 위기 속에서 일단 내부의 권력투쟁을 중단하지 않을 수 없었다. 또한 전쟁 전체를 중앙에서 지휘하면서 연개소문의 통솔력도 커지게 되었고, 전쟁 과정에서 지방의 군사력이 소실되면서 연개소문은 권력을 강화할 수 있었다.

당 태종의 철저한 전쟁 준비

644년 2월에 고구려를 다녀온 상리현장이 신라 공격을 중단하라는 요구를 연개소문이 거절했다고 보고하자, 당 태종은 최종적으로 고구려 원정을 결심하였다. 다수의 신하들이 반대했지만 태종의 뜻이 워낙 확고했다. 친정이라도 만류하려 했지만, 당 태종은 듣지 않았다.

그해 7월에 홍주(洪州) · 요주(饒州) · 강주(江州) 3주에 배 400척을 만들어 군량을 싣게 하라는 명령을 내리고, 고구려와 접경하고 있는 영주도독 장검(張儉)에게 요동을 공략하여 교통로 등 형세를 살펴보게 명령하였으니, 사실상 전쟁 준비가 시작되었다. 마침내 10월에 태종은 고구려와의 전쟁을 선포하였다. 태종은 국정을 태자에게 맡기고 낙양으로 옮겨 전쟁 준비를 독려하였다.

당 태종은 수 양제의 전철을 밟지 않기 위하여 고구려와의 전쟁을 철저하게 준비하였다. 수의 고구려 원정에 참여한 경험이 있는 관료의 의견을 듣기도 했다. 양제 때 고구려 원정에 참여했던 정천숙(鄭天璹)은 고구려는 거리가 멀어서 군량 수송에 어려움이 있고, 고구려가 성곽을 잘 지켜 공격하기에 어려움이 있다고 직언하기도 했다. 또 수 양제의 고구려 침공 실패는 중국 내에서 고구려 원정에 대해 큰 두려움을 불러일으켜서 일종의 사회적 트라우마로 작용한 듯하다. 당 태종이 전쟁 준비를 치밀하게 한 이유 중 하나는 국내의 적지 않은 반대 의견을 설득하기 위해서였다.

전쟁 준비의 가장 기본은 병력 동원이다. 645년에 당 태종이 고구려를 원정하기 위해 편성한 군대의 규모나 전력은 어느 정도였을까? 중국 역사서 어디에도 당시 당 태종이 이끈 군대의 총수에 대해 언급하고 있지 않다. 단편적인 기록을 종합해 추정해 보자.

645년 1월, 당 태종은 육군 총사령관 이적(李勣)으로 하여금 보·기병 6만 명과 거란·말갈의 군사를 거느리고 유주(幽州)에서 요동으로 진격하고, 또 수군 총사령관 장량(張亮)으로 하여금 500여 척의 전함과 4만여 명의 군사를 거느리고 산동반도 동래에서 바다를 건너 평양을 향하게 명령하고, 3월에는 자신도 정주(定州)를 출발하였다.

그런데 당측 기록 어디에도 태종이 직접 거느린 본대의 병력 수에 대해서는 언급이 없다. 다만 당 태종의 본대에서 장손무기가 26명의 총관을 통솔하였다는 기록이 있다. 행군총관은 일종의 단위 부대 지휘관에 해당한다. 그런데 이적 휘하에 행군총관이 14명에 군사가 6만 명이었다는 기록이 있어, 총관 1명이 4,000명 정도의 병력을 거느렸다고 볼 수 있다. 그렇다면 당 태종의 본대는 대략 10만 명이 넘는 병력이 된다.

이상의 기록을 종합하면 이적의 육군 선발대가 6만 명, 장량의 수군이 4만여 명, 당 태종이 거느린 본대가 10여만 명으로, 도합 20여만 명 정도의 병력이 된다. 여기에 영주도독 장검이 영주도독부 소속의 군사와 거란, 해 등 유목민의 군대를 별도로 거느렸다.

이는 수 양제의 백만 대군에 비하여 군사력이 약하다고 생각할 수 있다. 하지만 군사 수가 군사력을 결정짓는 것은 아니다. 태종을 비롯한 당군의 지휘부는 수 멸망 이후 할거하던 중국 대륙의 군웅들을 군사적으로 제압한 주역이며, 돌궐이나 설연타, 고창 등을 모두 굴복시키며 승승장구한 지휘관이었다. 또 수 양제의 요동성 공격 실패 원인을 잘 아는 태종은 갖가지 공성기구 제작을 준비했다. 고구려의 수성전 능력을 높이 평가하고 있던 만큼 공성 준비에 있어서 그 어느 때보다 철저했던 것이다. 따라서 645년에 동원된 당군의 전력은 아마도 당대 최강의 전투력을 갖춘 군대라고 볼 수 있다.

이에 더해 당 태종은 주변 여러 나라의 병력을 동원하였다.

644년 11월에 태종은 고구려 정벌을 선포하면서 고구려 주변에 있는 거란, 해, 백제, 신라에 사신을 보내 파병을 요구하였다. 특히 신라 사신 김다수(金多遂)가 귀국할 때 국서를 보내 참전을 요구하였다. 그러나 신라의 반응이 없자 645년 정월에 다시 국서를 보내 참전을 독려하였다. 당과의 동맹에 힘을 쏟을 수밖에 없는 신라는 참전을 결정하고 고구려 남쪽 국경으로 공격할 준비를 하였다. 당 태종은 고구려 남쪽에서 신라군을 동원함으로써 고구려 군사력의 분산을 꾀했던 것이다.

제10장

645년,
대전쟁이 시작되다

당군의 진격과 첫 전투

만반의 준비를 갖추었다고 판단한 당 태종은 645년 1월, 육군 총사령관 이적과 수군 총사령관 장량에게 출정을 명하고, 3월에는 자신도 정주를 출발하였다. 2월에 유주에서 결집하여 요동으로 향한 당군의 선발대는 요하선에 배치된 고구려 방어망을 뚫기 위해 공격선을 여러 갈래로 나누었다.

당시 요서에서 요하를 건너 요동으로 이어지는 길은 대체로 세 길이 있었다. 그중 요서 회원진에서 요하를 건너 고구려 요동성으로 이어지는 길이 주된 교통로였다. 이 길은 수 양제가 고구려를 침공할 때 이용한 교통로로서 요하 중로(中路)라고 부른다. 이보다 북쪽으로는 통정진에서 요하를 건너 고구려 신성(新城)을 향하는 요하 북로(北路)가 있으며, 남쪽으로는 요하 하구를 건너 고구려 건안성(建安城)으로 향하는 요하 남로(南路)가 있다.

고구려 측에서 보면, 요동성, 신성, 건안성은 바로 요서에서 요동으로 이어지는 세 주요 교통로를 통제하는 요충성이었다. 그리고 이 세 성은 압록강, 혹은 고구려의 부수도 국내성으로 이어지는 교통로의 출발점이기도 하다. 따라서 이 세 성 중 하나가 함락되면 평양으로 이어지는 주요 교통로 하나가 뚫릴 위험이 커진다.

645년 당군의 침공과 고구려군의 대응

당군의 선발대를 지휘하는 대총관 이적과 부총관 이도종(李道宗)은 고구려의 요하 방어망을 돌파하기 위하여 일부 군대를 통상 이용하는 교통로인 회원진으로부터 나오는 것처럼 위장하고는, 실제로는 주력 군대를 북으로 돌려 요하 북로를 이용하여 통정진에서 요하를 건넜다. 이때가 4월 1일이었다. 그리고 신성으로 가는 길목에 있는 현도성(玄菟城)을 공격하였다. 한편 영주도독 장검은 요하 남로를 이용하여 요하를 건너 건안성을 공격하였다. 그리고 장량이 거느린 수군도 평양을 직공하지 않고, 요동반도 남단에 자리잡은 비사성을 공격하였다. 정작 주 교통로인 요하 중로는 비워 놓았는데, 나중에 당 태종이 본군을 이끌고 이 길을 이용하여 요동성으로 진군하였다. 이렇게 여러 길로 나누어 진공하는 전략은 요동성 공략에 집중했던 수 양제의 실패를 거울 삼아 새로 짠 것이었다. 이런 당의 전략에 의해 첫 전투에서 신성과 건안성이 제압당한다면 고구려 방어망이 매우 위험해질 수 있는 상황이었다.

4월 1일 요하를 건넌 이적과 이도종의 군대는 현도성을 공략한 뒤, 부총관인 이도종이 병사 수천 명을 거느리고 신성에 이르렀는데, 고구려군은 나가 싸우지 않고 굳건하게 성을 지키기만 하였다. 신성은 고구려 서북의 요충지로서, 고구려 방어망에 있어서 그 위상이 요동성에 못지않았다. 더 이상 기록이 없어서 현도성, 신성 전투가 어떻게 전개되었는지 알 수 없지만, 이적이 전력을 기울여 신성을 공격한 흔적은 보이지 않는다.

4월 15일에 이적과 이도종은 군대를 남으로 돌려 고구려 개모성(蓋牟城)을 공격하였다. 개모성은 신성에서 요동성으로 이어지는 교통로의 중간에 있는 중형급 성곽이었다. 당군은 개모성 공략에 총력을 기울였다. 결국 10여 일 만인 26일에 개모성이 함락되고 말았다. 당군은 군사와 주민 2만여 명을 포로로 삼고, 군량 10여만 석을 얻었다. 주민을 포함하여 포로가 2만 명이라고 하였으니 그중 군사의 수는 수천에 불과했을 것이다. 그런데도 6만 명에 가까운 당군이 개모성 공략에 10여 일이 걸렸으니, 그만큼 고구려군의 저항이 강력했다. 당군도 적지 않은 손실이 있었다. 행군총관이었던 강행본(姜行本)이 개모성 공격 중에 전사하였다.

5월 초에 당 태종이 본군을 거느리고 요동성에 도착할 예정이기 때문에, 이적 선발대의 목표는 그 이전에 요동성을 고립시키고 태종의 본군이 안전하게 도착할 수 있도록 주변을 확보하고, 신성으로부터 구원군을 차단하는 것이었다. 그래서 신성에서 요동성으로 이어지는 길목에 있는 개모성 공략에 중점을 두었던 것이다.

한편 영주도독 장검은 또 다른 군사를 거느리고 요하 남로를 통해 요하를 건너 고구려 건안성을 공격하였다. 비록 첫 전투에서 고구려군 수천 명이 전사하는 패배를 당하였으나, 고구려군은 건안성을 굳건하게 지키고 있었다. 사실 장검의 군대 역시 건안성에 대해 본격적인 공세를 펼치지는 못한 듯하다. 장검 군대의 목적도 건안성의 고구려군이 요동성을 지원하는 것을 막는 데 있었던 것이다.

장량이 이끄는 수군은 동래에서 바다를 건너 요동반도 끝단의 비사성을 공격하였다. 비사성은 사면이 절벽이어서 오직 서문으로만 들어갈 수 있었는데, 행군총관 정명진(程名振)이 밤에 병사를 이끌고 절벽을 기어올라 기습하였다. 방심하고 있던 고구려군은 패배하고 비사성은 함락되었으며, 남녀 8,000여 명이 포로가 되었다. 5월 2일이었다.

이렇게 당군의 기습적인 공격과 첫 전투에서 개모성, 비사성은 함락되었지만, 고구려는 중진인 신성, 건안성을 지켜냈다. 따라서 신성과 건안성의 고구려군은 여전히 위협적인 존재로 남아 이후 당군의 요동작전은 큰 제약을 받게 되었다.

4월 10일 유주를 출발한 당 태종의 본군이 5월 3일에 요하 일대의 저습지대인 요택(遼澤)에 도착하였다. 뻘밭이 200여 리에 펼쳐져 있어 사람과 말이 통과하기 쉽지 않은 지형이었지만, 일종의 공병부대를 이끌던 염입덕(閻立德)이 흙을 펼치고 다리를 놓아 길을 확보하였다. 그래서 5월 5일 이틀 만에 요택을 지났다. 요하를 건너면 바로 요동성이었다.

건안성으로 비정되는 중국 개주(蓋州) 고려성산성(高麗城山城) 내부 전경
동북아역사넷 제공

비사성으로 비정되는 중국 대련(大連) 대흑산산성(大黑山山城) 남벽에서 바라본 발해만
동북아역사넷 제공

요동성의 함락

5월 2일, 개모성을 함락시킨 이적, 이도종의 군대가 요동성에 도착하였다. 그리고 당 태종의 본군이 오기를 기다리면서 요동성을 포위 공격하였다. 그런데 5월 8일, 신성과 국내성에서 동원된 고구려 군사 4만 명이 이적과 이도종의 당군을 배후에서 압박하였다. 이적과 이도종은 태종의 본군이 도착하기 전에 고구려 구원군을 제압해야만 했다. 고구려군의 수가 만만치 않았기 때문에 도랑을 파고 성채를 갖추어 본군을 기다리자는 의견도 있었지만, 이도종이 기병 4,000기를 거느리고 선봉에 서서 고구려군을 격퇴했다고 한다.

5월 10일, 요하를 건넌 당 태종의 본군이 요동성에 이르러 마수산(馬首山)에 본영을 설치하였다. 태종이 이끄는 본군의 도착으로 전력이 몇 배나 강화된 당군은 밤낮으로 총공격을 펼쳤다. 당군은 출정 이전부터 최신 공성무기를 철저하게 준비하고 있었다. 1리 밖에서 300근의 돌을 날리는 최신형 포차가 대표적이다. 이적이 포차를 나란히 세우고 일제히 큰 돌을 날려 요동성 성벽을 무너뜨렸다. 고구려군은 무너진 성벽 위에 나무를 쌓고 끈으로 그물을 엮어 묶어서 마치 누각처럼 만들어 날아오는 포차 돌에 맞섰다. 그러자 당군이 당차(撞車)를 동원하여 성벽 위 나무성벽을 부수면서 공격하였다. 이러한 공방전이 밤낮없이 7일여 동안 계속되었다.

5월 17일, 요동성 함락이 눈앞에 있다고 판단한 당 태종은 직접 철갑기병 1만여 명을 이끌고 이적과 요동성 아래에서 만나 총공격을 명령하였다. 마침 거센 남풍이 불어오자 당군은 화공을 시작하여 요동성 위에 나무로 구축한 방어시설을 불태우고, 포차로 돌을 날려 성벽을 파괴하였다. 난공불락을 자랑하던 요동성도 마침내 함락되고 말았다. 5월 2일부터 이적의 선발대가 요동성을 포위한 지 16일째, 당 태종이 본대를 이끌고 직접 총공격을 지휘한 지 7일째였다. 요동성의 2만 명 군사와 4만 명의 주민이 16만 명이 넘는 당의 최정예 대군과 치열하게 맞서 싸운 결과였다. 비록 성은 함락되었지만, 양군의 전력 차를 고려하면 결코 패배라고 할 수 없는 격전이었다. 중국 측의 기록은 당군의 전과에 대해 "고구려군 전사자 1만여 명, 포로가 된 고구려 군사 1만여 명, 주민 4만 명, 곡식 50만 석, 이 외 다량의 가축"을 얻었다고 기록하고 있다.

당 태종은 정주를 출발하면서 요동성에서 승리하면 정주까지 봉화를 올리겠다고 세자에게 약속하였다. 그래서 정주로부터 동쪽으로 수십 리마다 봉화대를 세워 요동성까지 이어지게 하였다. 5월 17일 당 태종은 요동성 함락이 눈앞에 오자, 승전 소식을 세자에게 전하기 위해 봉화를 올리게 하였다.

1차 접전에서는 일단 당군이 승리를 거둔 셈이다. 하지만

백암성으로 비정되는 중국 등탑(燈塔) 연주성(燕州城) 원경
완만한 경사면에 높은 성벽을 쌓았지만, 성 내부가 들여다보여 당의 대군을 방어하기에는 어려운 산성이다. 동북아역사재단 편, 『고구려성 사진자료집』

전쟁의 승패를 논하기에는 아직 갈길이 멀었다. 당군은 고구려 땅에서 이제 겨우 한 걸음을 내디딘 데에 지나지 않았다.

백암성이 항복한 이유

5월 28일, 요동성 함락 이후 충분한 휴식을 취한 당군은 요동성 동쪽의 백암성(白巖城)으로 진군하였다. 고구려에서는 오골성(烏骨城)으로부터 1만 명 군사가 백암성을 구원하러 왔지만, 당의 장수 글필하력(契苾何力)에게 격퇴당했다. 6월 1일, 백암성을 포위한 당군의 공격이 시작되자 성주 손대음(孫代音)

이 사람을 보내 항복 의사를 전하였다. 그리고 약속대로 당군 깃발을 성안에 세우니 이미 당군이 성안에 들어온 것으로 생각한 성민들은 성주를 따라 항복하였다. 당 태종의 침공 때에 스스로 항복한 성은 백암성이 유일하다.

여기서 한 가지 의문이 생긴다. 백암성은 군사가 2,000명, 주민 1만 명 정도의 중급 규모 산성에 불과한데, 왜 당 태종이 백암성 공격에 직접 참여하였을까? 이에 대한 답은 백암성 함락 후 당 태종의 행동을 보면 대략 짐작할 수 있다.

성안의 남녀 만여 명을 붙잡았다. 황제가 물가에 장막을 치고 그들의 항복을 받고 그들에게 음식을 내렸으며, 80세 이상 된 자에게는 비단을 차등 있게 내렸다. 그리고 백암성에 있던 다른 성의 군사들은 위로하여 타이르고 양식과 병장기를 주어 그들이 가고자 하는 대로 보내주었다. -『자치통감』 권198

당 태종이 항복한 자에게 베푸는 인자함은 전쟁의 일반 상식을 훨씬 넘어섰다. 항복한 주민에게 상을 내리기도 하고, 다른 성에서 구원하러 온 포로들을 제집으로 돌려보냈으니 말이다. 아마도 황제의 자애로움을 널리 알려 고구려인들의 자발적 항복이나 민심 이반을 기대한 일종의 심리전술이 아니었을까 싶다. 즉 당 태종이 직접 백암성에 간 이유는 이곳에서 황제의 위엄과 자비를 과시하는 이벤트가 필요했기 때문이라고 짐작한다.

그러면 항복을 주도한 백암성 성주 손대음과 성안 주민들의 입장에서 이 상황을 들여다보자. 싸울 것인가, 아니면 항복할 것인가. 막상 그런 상황에 처하고 보면 판단이 그리 쉽지는 않을 것이다. 백암성이 항복하겠다고 하다가 다시 이를 번복했다는 중국 측 기록에서 백암성 성주와 주민들이 가졌던 마음의 갈등과 혼란을 짐작할 수 있다. 2,000명도 안 되는 군사와 주민만으로 과연 당 태종이 직접 이끄는 대군의 거센 공격을 버텨낼 수 있을까? 이 작은 성은 곧 무너질 것이며, 함락된 성안은 적군의 무자비한 살육과 약탈로 금방 피비린내와 곡성이 가득할 것이다. 하지만 항복한다면 자애로움을 과시하려는 당 태종의 아량을 충분히 기대할 수 있다. 필자는 성주 손대음이 자칫 몰살될 수도 있는 성안의 주민들을 살리기 위한 지혜를 발휘했다고 생각한다.

제11장

주필산전투와 안시성전투

주필산전투에서의 패배

백암성을 차지한 직후 당 태종과 이적은 다음 공격 대상을 놓고 의논하였다. 당 태종은 "공격하지 않아야 할 성도 있다"라는 병법을 인용하면서 안시성이 험준하고 성주가 유능한 반면 건안성은 군사가 약하고 식량도 적으므로 그곳을 먼저 공격하자고 제안하였다. 그러나 이적은 안시성이 북쪽에 있고 건안성이 남쪽에 있는데, 안시성을 지나 건안성을 공격하다가 요동성에서 이어지는 군량보급로가 끊기게 되면 어려움을 겪게 되니 안시성을 먼저 공격해야 한다고 주장하였다. 이에 태종은 "공을 장수로 삼았으니 어찌 공의 계책을 쓰지 않겠는가? 나의 일을 그르치지 마라"고 하면서 이적의 의견에 따랐다고 기록하고 있다. 전술상으로 보면 당연히 이적의 주장이 옳다. 그럼에도 불구하고 당 태종이 왜 안시성을 건너 뛰고 건안성 공격을 제안했는지는 의문이다.

6월 11일에 당 태종이 거느린 대군은 요동성에서 안시성으로 출진하였고, 20일에 안시성 외곽에 도착하였다. 그런데 이러한 일정에 다소 궁금한 점이 있다. 당의 대군이 요동성을 함락시킨 시점이 5월 17일이었다. 그리고 5월 28일에 백암성으로 진군하였다. 약 10여 일을 요동성에 머물러 있었다. 6월 1일에 백암성이 항복하였고, 11일에 안시성으로 진군하였으니 다시 10여 일을 요동성에 머물렀던 것이다. 그리고 안시성에 도착한 날이 6월 20일이었으니, 10여 일을 행군한 것이다.

요동성 함락 직후 10여 일 뒤에 백암성을 공격한 것은 군사들의 피로도를 고려하면 충분히 이해할 수 있다. 하지만 그 뒤의 행보는 의문이 있다. 결과적으로 요동성 함락 이후 안시성 공격까지 한 달 이상을 지체했으니, 이 기간 동안 안시성의 고구려군은 나름 만반의 방어태세를 갖출 수 있는 시간을 벌었다. 당시 전쟁 상황에서 속전속결 전술이 최선이라고는 할 수 없겠지만, 그래도 당군의 행보는 너무 느긋했고 어쩌면 이 점이 안시성 공격에 실패한 주요 요인의 하나일지도 모르겠다.

태종과 당군은 6월 20일에 안시성 외곽에 도착해 진영을 갖추었다. 그런데 그 이튿날인 21일에 고연수(高延壽)와 고혜진(高惠眞)이 거느린 15만 명 고구려 군대가 안시성 외곽 가까이에 나타났다. 그리하여 이른바 '주필산전투'라고 불리는 전투가 벌어지게 된다. 당시 당 태종이 전투를 지휘했던 곳의 본래 이름은 육산(六山)인데, 당 태종이 머물렀다고 해서 주필산(駐蹕山)으로 이름을 바꾸었다.

주필산전투를 기록한 중국 측 사서를 보면 당 태종을 이 전투의 주인공으로 만들기 위한 기록이라는 인상이 강하게 든다. 당 태종은 장손무기(長孫無忌)와 이적 등 쟁쟁한 군신들을 앞에 놓고 자신이 지휘하는 이 전투의 승리를 예언한다. 고구려군이 취할 수 있는 세 방식, 즉 상책(上策)·중책(中策)·하책(下策)을 모두 제시한 뒤, 결국 고구려군 지휘관 고연수는 태종 자신과 대결하는 하책을 선택하여 포로로 잡힐 것이라고 호언장담한다. 아니나 다를까 고연수는 당군과 직접 대결하기 위하여 안시성 40리 가까이까지 진군하였다. 물론 고구려군 내부에도 나이 많고 경험이 풍부한 대로(對盧) 고정의(高正義)라는 인물이 있어 당 태종이 언급한 상책에 해당하는 장기전을 펼치는 전술을 제안하였지만, 젊은 패기의 고연수는 이를 무시하였다.

당 태종은 다시 돌궐군 1,000명을 보내 싸우다가 거짓으로 패하여 당군이 싸우기 유리한 곳으로 고구려군을 유인하도록 하였는데, 고연수는 여기에 걸려들어 안시성 동남쪽 8리 가까이 진군하여 산 아래 진을 쳤다. 게다가 당 태종은 사신을 보내 거짓으로 회유하여 고연수로 하여금 방심하도록 하고, 야간에 몰래 군대를 이동시켜 고구려군의 배후에서 공격을 준비하였다.

22일에 고구려군은 서쪽 편에 진을 치고 있는 이적의 당군만 보고 진격하였다. 이때 고구려군 배후에 숨어 있던 당군이 뒤를 쳤으며, 양쪽으로 적을 맞게 된 고구려군은 2만(혹은 3만) 명 군사가 목숨을 잃는 참패를 하였다. 계속해서 당군이 고구려군의 퇴로를 끊고 압박하자, 결국 고연수, 고혜진 등이 나머지 병사 3만 6,800명을 이끌고 당 태종에게 항복하고 말았다.

이 대목에서 중국 역사 기록들이 한결같이 강조하는 게 당군의 수는 적은데 고구려 구원군의 수가 15만 명에 이르는 대군이라는 점이다. 필자는 이 병력 수에 대해 의심을 갖고 있다. 무엇보다 당시 고구려군의 총군사력을 고려하거나, 또 고구려의 방어전략적인 측면에서도 과연 15만 명이라는 대군이 안시성 구원전에 투입될 수 있었을까 의문이 든다.

당시 고구려의 병력 수는 30만 명 정도로 추정된다. 668년 기록이지만 요동 일대 성곽에 15만 명 정도가 배치되어 있었으니, 안시성 구원전에 실제로 15만 병력이 투입되었다면, 이는 나머지 군사력을 모두 여기에 쏟아부은 셈이 된다. 당시 고구려 정권이 안시성전투에서 단판 승부를 거는 무모한 전략을 쓰지는 않았을 것이다. 왜냐하면 안시성이 함락되더라도 압록강에 이르기까지 여러 방어망이 있고, 평양성까지도 여러 차례 승부를 걸 곳이 있는데 아무리 안시성의 방어가 중요하다고 하더라도 총력을 기울여 15만이라는 대군을 안시성 구원전에 투입할 이유가 없다.

아마도 고연수 등이 이끄는 병력은 본래 압록강 전선을 지키던 군대였을 것으로 추정된다. 요동성이 함락되고 백암성이 당군의 손에 들어간 뒤에도 당군이 오골성과 압록강 방면으로 진군하지 않자, 압록강 수비군의 일부를 안시성 구원전에 투입하였던 것으로 추정된다. 필자는 이때 투입된 고구려 구원군 병력을 대략 5만~6만 명 정도로 추정한다. 즉 주필산전투의 성과를 과장하려는 의도에서 전투에 투입된 당군의 수는 3만 명 정도로 줄이고, 고구려군의 수 및 전투 성과는 과장하는 필법으로 당 태종이 거둔 승리를 과대 포장한 대표적인 사례라고 추정하고 있다.

안시성전투에서의 승리

주필산전투에서 승리한 당군은 고립무원이 된 안시성 공격에 총력을 기울였다. 이제 안시성은 이 전쟁의 최후 승부처가 되었다. 그런데 안시성전투 자체는 워낙 유명하지만, 그 유명세 만큼 안시성전투의 전개 상황에 대해서는 그다지 알려져 있지 않다. 전하는 기록 자체가 워낙 빈약하기 때문이다. 앞에서 살펴본 주필산전투는 겨우 이틀 동안의 전투임에도 당군과 고구려군의 움직임을 상세하게 기술하고 있다. 이에 반하여 석 달 가까이 계속된 안시성 공방전 상황은 안시성 밖의 토산 축조와 이를 둘러싼 전투 기사를 제외한다면 얼마되지 않는다. 최대한 관련 기록을 찾아 안시성전투 과정을 복원해 보자.

안시성으로 비정되는 중국 해성(海城) 영성자산성(英城子山城) 내부 전경
동북아역사재단 편, 『고구려성 사진자료집』

6월 20일에 당 태종이 거느린 대군이 안시성 외곽에 주둔하였고, 21일에 고연수 등이 거느린 고구려군이 진격해 오고, 22일 주필산전투에서 고구려군이 대패하고 고연수 등이 당 태종에게 항복했음은 이미 언급하였다.

그리고 7월 5일에 당 태종은 안시성 동쪽 고개로 군영을 옮겼다는 기록이 있다. 아마도 주필산전투 이후 곧이어 안시성 공격이 시작되어 10여 일이 지났는데 별 성과가 없자, 태종이 군대를 독려하기 위하여 안시성 가까이로 군영을 옮긴 상황인 듯하다. 중국 역사서에는 이적은 안시성의 서쪽을 공격하고, 이도종은 안시성 동남쪽에서 전투를 벌이며 공격용 토산을 쌓았다고 기록하고 있다.

그러면 당군은 언제부터 토산을 쌓기 시작했을까? 이 토산을 쌓는 데 60일이 걸렸다는 기록이 있다. 그런데 이 토산이 완공될 무렵 토산이 안시성벽 쪽으로 무너지면서 고구려군이 재빨리 토산을 점령했다. 당군이 토산을 빼앗기 위해 3일간 공격했으나 실패하였고, 결국 9월 18일에 회군하기 시작하였다. 다시 말해서 회군 시점에서 최소한 63일 전에 토산 축조가 시작되었다고 볼 수 있으니, 대략 7월 15일 이전이 된다. 왜 이 시점을 따져 보냐 하면 토산 축조는 당군의 전략에서 매우 중요한 변수가 된다고 판단하기 때문이다.

구체적인 시점이 명기되지 않고 7월 중에 있었다고 하

는 당군 지휘부의 작전회의 장면이 중국 측 역사서에 전하고 있다. 그 자리에서 당 태종에게 항복한 고연수, 고혜진이 하나의 방책을 건의하였는데, 안시성을 쉽게 함락시키지 못할 것이니 오골성으로 진격하면 오골성 욕살(褥薩)이 나이가 들어 제대로 방어하지 못할 것이고, 그 후에는 평양 공격도 어렵지 않을 것이라는 제안이었다. 다른 군신들도 비사성에 있는 장량의 군대까지 불러들여 오골성으로 진격하고 압록강을 건너 평양을 공격하자고 건의하였다. 이에 대해 장손무기가 "천자가 친정하고 있기 때문에 만전을 기해 진군해야 하는데, 건안성과 신성의 고구려 군사 10만 명이 오골성으로 진격하는 당군 뒤를 공격하면 위험하기 때문에 안시성과 건안성을 취한 뒤에 진군해야 한다"며 반대하였다. 이에 안시성 공격이 계속되었다.

사실 안시성을 내버려두고 적의 영역으로 깊숙이 진격하는 것은 일종의 군사적 모험이다. 진격하여 승리를 계속 거두면 최선의 방책이 될 수도 있지만, 만약 고구려군의 방어망에 가로막혀 퇴군해야 할 상황이 될 때 안전한 퇴로를 확보할 수 있느냐가 관건이 된다. 당시 당군이 확보한 요동성과 백암성에서 오골성, 그리고 압록강으로 진군했다가 신성과 국내성, 안시성의 고구려군에게 퇴군로를 차단당하게 되면, 그야말로 당의 대군은 독 안에 갇힌 꼴이 될 수 있다. 혹 당 태종이 동행하지 않았다면 군사적 모험을 감행해 볼 수도 있겠지만, 태종이 함께 진군하는 상황에서는 장손무기의 말대로 그런 위험을 감수할 수는 없었다. 따라서 당군이 안시성 공격에 매달린 것은 어쩔 수 없는 상황이었다.

따라서 작전회의에서 안시성 공격을 계속한다는 방침을 확정한 뒤에야 토산을 구축하는 공격 전술을 채택했을 것으로 추정한다. 그렇다면 토산 축조가 시작된 7월 중순 이전에 작전회의가 열렸을 것이다. 필자는 당 태종이 안시성 동쪽 고개로 군영을 옮긴 7월 5일 직후가 아닐까 추정한다. 어쨌든 안시성 공격이 더 이상 여의치 않았기 때문에 이때 새로운 전략을 모색하는 작전회의가 열렸던 것이고, 이 자리에서 최종적으로 안시성과 건안성 공함 이후 진군한다는 기존 전략이 재확인되었던 것이다.

다만 토산 축조라는 장시간이 걸리는 공격 전술이 채택되었다는 점이 주목된다. 실제로 토산 축조에는 60여 일이 소요되어 9월 15일에야 완성되었다. 중국 역사서에는 8월 10일에 당 태종이 군영을 안시성 남쪽으로 옮겼다는 기록이 있는데, 이런 태종의 독려에도 불구하고 토산 축조 외에는 별다른 공격 전술이 없었던 듯하다.

사실 10월로 넘어가면 겨울철이라 요동 지역에서 군사작전이 불가능해진다. 토산 축조 공격이 성공한다고 하더라도

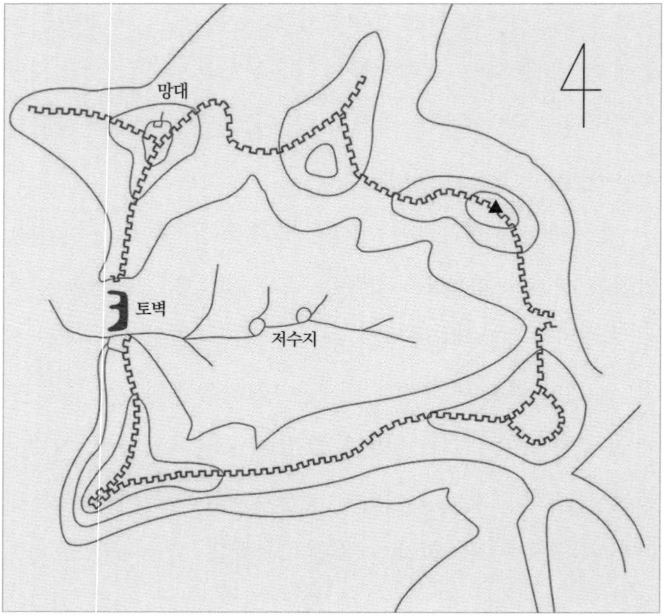

안시성 평면도 동북아역사재단 편,『고구려성 사진자료집』

안시성을 함락시킨 다음 건안성까지 공격한다는 일정을 고려하면 사실상 이해에 평양성은커녕 압록강까지 진군하는 것도 실행 가능하지 않다. 따라서 이 무렵 태종과 당군 지휘부는 애초 전략을 대폭 수정하고 있었을 것이다. 즉 평양성 진공은 포기하고, 이듬해에 다시 고구려 원정을 계획하고 있었던 것이 아닐까 추정한다. 이미 확보한 개모성, 요동성, 백암성, 비사성에다 안시성, 건안성을 추가로 확보하면, 적어도 요하를 건너 북쪽 개모성에서 남쪽 비사성에 이르는 고구려 최전방 방어체계를 모두 붕괴시킨 결과가 되고, 오히려 이 지역을 고구려 공격을 위한 당의 전진기지로 삼겠다는 새로운 전략을 구상한 것으로 추정한다.

하지만 당군이 60여 일 걸려 쌓은 토산이 무너지고, 이를 틈타 고구려군이 토산을 장악하고 해자를 파서 지켰다. 토산을 되찾기 위한 당군의 공세가 3일 동안 계속되었지만, 안시성의 고구려군은 성을 지켰듯이 토산도 지켜냈다. 토산 축조에 최후의 승부를 걸었던 당군의 노력이 수포로 돌아갔다. 겨울이 다가오고 있었다. 고구려군과의 전투도 힘겨운데 추운 날씨와 싸울 수는 없었다. 태종은 철군을 결정했다.

당 태종의 굴욕

645년 9월 18일 안시성에서 철군한 태종이 이끄는 당군은 요동성을 거쳐 요하를 건너기 시작했다. 9월 21일경이었다. 요하 서쪽에는 늪지대인 요택이 200여 리에 펼쳐져 있었다. 『자치통감』은 요택을 통과하는 당시 당군의 어려움을 이렇게 쓰고 있다.

요택은 진흙벌판이어서 수레와 말이 통행하지 못하자, 장손무기에게 1만 명을 거느리고 풀을 잘라서 길을 메우며, 물이 깊은 곳에는 수레를 교량으로 삼으라고 명령하였다. 황제는 스스로 나무를 말 안장걸이에 묶어서 일을 도왔다.

이 경로는 당 태종이 고구려를 원정하러 올 때 지나온 길이다. 당시 당군 공병대가 미리 요택에 흙을 덮고 다리를 놓아 길을 만들어 두었다. 그래서 행군이 지체되지 않고 이틀 만에 요택을 통과하였다. 그때 요택을 통과한 태종은 설치한 다리를 모두 거두라고 명령하였다. 퇴로가 없음을 보여 병사들의 사기를 진작시키기 위해서였다. 그만큼 고구려 정복의 자신감이 넘쳤다.

장담했던 전과를 거두지 못하고 되돌아가는 길에 요택을 다시 메우면서 태종은 그때 다리와 길을 없애버린 자신의 결정을 내내 후회했을 것이다. 고구려로 출정할 때 이틀 밖에 걸리지 않았던 요택 길이 되돌아갈 때는 10여 일이 걸렸다. 요택을 어렵사리 통과한 당군은 10월 1일 요하의 지류인 발착수(渤錯水)를 건넜는데, 눈보라가 몰아쳐 많은 병사들이 얼어 죽어 갔다. 전장에서 오랫동안 기력이 쇠잔해진 병사들은 늪지대와 추위에 전투보다 힘든 악전고투를 치러야 했다. 당 태종도 귀환길에 등창이 생겨 이 때문에 꽤나 고생한 듯하다.

10월 11일에 당 태종은 영주에 도착하였고, 18일에 군사를 돌이킨 데에 대한 반사(班師) 조서를 내렸는데, 자신의 고구려 원정이 승리했음을 선포하고 그 성과를 자랑하고 있다. 그 내용을 요약하면 이렇다.

요동성, 백암성, 비사성, 개모성 등 모두 10성에서 이기고 얻은 가호가 6만이며 사람이 18만 명이다. 신성전투, 주필산전투, 건안성전투 등 세 전투에서 목 벤 적군이 4만여 명이고 2명의 대장이 항복했으며, 부장이나 관리 등 3,500명, 병사 10만 명이 항복했는데 모두 양식을 주고 돌려보냈다. 얻은 말과 소는 각각 5만여 필이고 100일치 곡식을 얻었다.

나름 장황하게 성과를 자랑하고 있지만, 그 속을 들여다보면 궁색하다는 느낌을 지울 수 없다. 요동성 함락은 당군이 거둔 가장 큰 승리였지만, 나머지 9성 중에서 그나마 중간급 성에 해당되는 것은 백암성, 비사성, 개모성 정도에 불과하다. 세 전투의 성과를 자랑하고 있지만, 주필산전투를 제외하면 신성전투와 건안성전투는 사실상 당군의 승리라고 부르기도 옹색한 결과이다. 이렇듯 처음 출정할 때에 평양성 함락과 연개소문에 대한 치죄를 호언장담한 것에 비하면 초라하기 이를 데 없는 성적표였다.

안시성주 이름은 '양만춘'이 아니다

645년 고구려·당 전쟁을 시작한 주연은 당 태종과 연개소문이지만, 전쟁을 마무리한 진정한 주인공은 안시성주이다. 그래서 안시성주의 이름값은 당 태종의 이름값만큼 올라간다. 그런데 아쉽게 그에 대해 아는 것은 하나도 없다. 심지어 이름조차 기록이 남아 있지 않다. 역사서에는 단지 '안시성주'라고만 기록되어 있을 뿐이다.

그런데 17세기 초부터 조선 지식인들은 안시성주의 이름이 양만춘(梁萬春)이라고 언급하기 시작하였다. 역사서에 전하지 않는 그 이름이 갑자기 어떻게 조선에 알려지기 시작했을까? 그 경위를 추적한 연구성과를 토대로 양만춘이란 이름이 조선에 알려지게 된 내력과 문헌을 소개하고자 한다.

양만춘이라는 이름을 처음으로 기록한 문헌은 윤근수(尹

根壽)의 『월정만필(月汀漫筆)』이다. 그 뒤 송준길(宋浚吉)의 『동춘당선생별집(同春堂先生別集)』에서 윤근수가 중국 조정에서 듣고 온 것을 기록한다면서 양만춘이라는 이름을 소개하고 있다. 다만 『월정만필』의 저작 연대는 확실하지 않다. 책 내용을 통해 1594년 이후 어느 시기에 저작되었을 것으로 짐작할 뿐이다. 『월정만필』에서 양만춘이란 이름을 거론하는 대목은 다음과 같다.

안시성주가 당 태종의 정예 군대에 항거하여 마침내 외로운 성을 보전하였으니, 그 공적이 위대하다. 그런데 이름은 전하지 않는다. 우리나라의 서적이 드물어서 그런 것인가? 아니면 고구려 때의 역사서가 없어서 그런 것인가? 임진왜란 뒤에 중국의 장수로 우리나라에 원병 나온 오종도(吳宗道)란 사람이 내게 말하기를, "안시성주의 성명은 양만춘(梁萬春)이다. 『당태종동정기(唐太宗東征記)』에서 보았다"라고 말했다. 얼마 전에 감사 이시발(李時發)을 만났더니, "『당서연의(唐書衍義)』를 보았더니 안시성주는 양만춘이었으며, 또 안시성을 지킨 장수가 두 사람이었다"라고 말하였다.

이 기록에 따르면 윤근수는 안시성주가 양만춘이라는 이야기를 두 사람에게 듣는다. 그중 명나라 사람 오종도는 『당

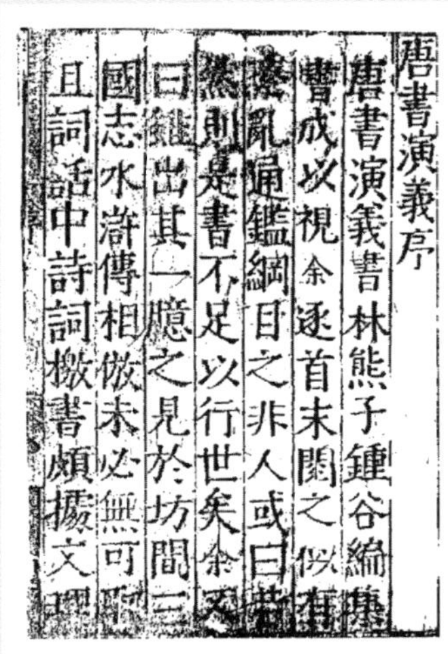

唐書演義序
唐書演義書林熊子鍾谷編集
書成以視余余逐首末閱之似有
紊亂通鑑綱目之非人或曰若
然則是書不足以行世矣余又
曰雖出其一臆之見於坊間三
國志水滸傳相彷未必無可取
且詞話中詩詞檄書頗據文理

『당서지전통속연의』

태종동정기』를 보고 이야기한 것이고, 감사 이시발은 『당서연의』를 보았는데, 더구나 그 책에는 장수가 2명이었다는 내용도 쓰여 있었던 것이다. 『당태종동정기』와 『당서연의』는 같은 책일 가능성이 높은데, 바로 『당서지전통속연의(唐書志傳通俗演儀)』임이 거의 분명하다고 본다.

『당서지전통속연의』는 명나라 때 웅대목(熊大木)이 지은 연의식 소설이다. 웅대목의 생몰년은 정확하게 알 수 없는데, 16세기 중·후반에 활동한 통속소설가이다. 『당서지전통속연의』는 전체 8권으로 구성되었고, 그 가운데 7권과 8권의 내용이 대체로 당 태종의 고구려 원정을 다루고 있으며, 8권에 안시성전투가 서술되어 있다.

이 책에는 양만춘이 절노부(絕奴部) 출신이라고 하였고, 그와 더불어 장수 5명의 성명까지 나열되어 있다. 같은 절노부 출신인 부하 장수 추정국(鄒定國)과 이좌승(李佐升), 관노부(灌奴部) 출신인 장수 구비(歐飛)와 부하 장수 기무(暨武), 장후손(張猴孫) 등이다. 앞서 이시발이 안시성을 지킨 장수가 두 사람이었다고 언급한 것은 바로 양만춘과 구비를 가리키는 듯하다. 그런데 구비 등은 안시성 밖에서 싸우다 전사했으며, 끝까지 안시성을 지킨 장수는 양만춘이다. 게다가 이 책에는 당시 건안성을 지키던 장수인 노한이(盧漢二) 등 4명의 장수 이름도 실려 있다.

이쯤 되면 양만춘 이외에 다른 장수들이 가공의 인물이듯이, 양만춘이란 이름 역시 창작의 소산임을 금방 알 수 있다. 양만춘을 비롯한 인물들의 이름이 모두 중국식으로 작명되었다는 점만 보아도 분명하다. 조선시대 문헌기록에는 '양만춘(楊萬春)'이라는 이름도 전하는데, 이는 『당서지전통속연의』라는 책을 직접 보지 않은 채 양만춘이라는 이름만 듣고, 중국에서 흔한 성씨인 '양(楊)'씨라고 짐작해서 적은 결과일 것이다. 그리고 양만춘의 출신 부라는 절노부, 구비의 출신 부인 관노부는 3세기 때 고구려 사회 모습을 전하는 『삼국지』에 보이는 내용으로, 고구려 말기에는 이런 부명이 실재하지 않기 때문에, 이 역시 창작물이라는 증거가 된다.

조선 후기 지식인들이 역사 속에서 자주적 자긍심을 보여주는 대표적인 사례로 안시성전투와 안시성주에 관심을 기울이면서, 『당서지전통속연의』라는 소설에서 만들어진 양만춘이라는 이름이 전해지고 널리 알려진 듯하다. 물론 양만춘이라는 이름을 믿을 수 없다고 본 지식인들도 적지 않다. 안정복이나 이규경, 이덕무 등은 그 이름이 역사서에 나타나지 않아 믿을 수 없다고 비판하고 있다.

조선시대 지식인들이 당시 상황에서 안시성주에 대한 관심은 높은데, 문헌 등을 제대로 조사할 형편이 아니었다는 점에서 소설 속 창작인 양만춘이라는 이름이 널리 알려진 사정은 충분히 이해할 수 있다. 하지만 중국 명대 한 통속소설가가 가상으로 만든 '양만춘'이란 이름을 지금까지도 거론한다는 것은 참으로 부끄러운 일이다. 이제는 양만춘이라는 이름을 버리고, 기록대로 '안시성주'라고 기억하는 게 바람직하다.

제12장

당,
고구려 재원정을
준비하다

당 태종과 김춘추의 밀약

고구려 원정에서 돌아온 이듬해 646년 10월 14일 당 태종은 조서를 내렸다. 그 내용인즉, 고구려가 방자해져 당에 대해 거만하고, 사신을 보내 올린 표문도 거짓이고, 신라를 공격하지 말라는 명도 듣지 않으니, 앞으로는 조공을 받지 말라는 것이었다. 외교관계 단절을 선언한 것이다.

이 조서는 고구려 재원정을 위한 명분 쌓기가 시작되었음을 보여준다. 사실 그 이전부터 당 태종은 고구려 재원정을 결심하고 있었던 듯하다. 5월에 보장왕이 사죄를 전하는 사신과 함께 보낸 미인도 돌려보냈다. 다만 북방의 설연타가 호시탐탐 넘보는 상황에서 고구려 원정의 뜻을 미루어둘 수밖에 없었다. 그런데 6월에 골칫거리였던 설연타를 멸망시키고, 9월에 영주에 순행하여 철륵 여러 부족의 투항을 받았다. 이제 고구려 재원정을 방해할 거리는 모두 없어진 셈이다.

당 조정에서 고구려 재원정이 본격적으로 논의된 때는 647년 2월이었다. 이 자리에서 군신들은 고구려의 성곽은 험준한 산에 쌓아서 쉽게 함락시키기 어렵기 때문에 소규모 군대를 자주 파견하여 고구려를 피로하게 한 뒤에 정벌하는 것이 좋겠다는 의견을 모으고, 당 태종도 동의하였다.

그리하여 647~648년 두 해에 걸쳐 당의 이적, 우진달(牛

進達), 설만철(薛萬徹) 등 장군들이 1만~3만 명 규모의 육군과 수군 병력을 동원하여 고구려의 후방이라고 할 수 있는 남소성(南蘇城), 목저성(木底城), 석성(石城), 적리성(積利城), 박작성(泊灼城) 등을 공격하였다. 기록상으로는 육군 한 차례, 수군 세 차례 등 모두 4번의 출정이 확인되는데, 모두 예기치 않은 후방의 요충성들을 기습 공격하는 전략이었다. 다만 이런 몇 차례 당군의 공세가 애초 당의 군신들이 의도했던 고구려를 피로하게 하는 전략으로서 얼마나 효과를 거두었는지는 불분명하다.

하지만 고구려 재원정을 추진한다는 당 태종의 입장은 확고했다. 태종은 647년 9월에는 강남 12주에서 큰 배 350척을 건조하도록 명하였다. 그리고 이듬해 648년 6월 군신회의에서 태종은 "이제 고구려가 곤궁하고 피폐해졌으니 이듬해에 30만 군대를 동원하여 고구려를 정벌하겠다"고 공언하였다. 그리고 9월에는 군량과 기계를 삼산포, 오호도에 저장해 두도록 명령하였다.

이미 충분히 예견된 상황이었다. 다소 소극적인 공세 전략이 논의된 647년 2월 군신회의에서 당 태종과 여러 군신들 사이에는 미묘한 입장 차가 드러나고 있었을 것이다. 소규모 군대를 보낸다는 전략을 채택한 것은 새로운 전략을 모색한 결과라기보다 고구려 재원정을 놓고 당 태종과 군신들 사이의 입장 차를 일단 덮어 두는 미봉책으로 논의된 것이 아닌가 싶다. 645년 고구려 원정 실패 이후 다수 군신들은 고구려 재원정이 무용한 일이라는 생각을 공유하고 있었던 듯하다. 이와 달리 당 태종은 재원정하려는 의지가 매우 강했다. 태종의 뜻이 그러한데 군신들도 원정을 무조건 반대할 수 없어서 소극적인 군사전략을 명분으로 내세우게 되고, 태종 역시 원정 준비를 위해 시간이 필요했기 때문에 이에 동의한 것으로 보인다.

648년 6월 조정에서의 논의 자리는 물론 그 이후에도 당 태종의 고구려 원정 의지에 대해 반대하는 목소리는 사료상으로 거의 보이지 않는다. 그나마 7월에 병이 깊어진 방현령(房玄齡)이 마지막으로 힘을 다해 올린 상소가 눈에 띌 뿐이다. 이는 당시 당 태종의 고구려 원정 의지가 매우 강력하였기 때문에 군신들이 아예 입을 다물고 있었음을 시사한다.

당 태종이 이듬해에 고구려를 정벌하기로 결정하고 이를 위한 준비를 강력하게 추진하는 상황에서 648년 윤12월에 신라 김춘추가 당 조정을 방문하였다. 아마도 김춘추는 당 태종의 고구려 원정이 임박해진 시점을 의도적으로 골랐을 것이다. 김춘추는 당시 신라 진덕왕 정권에서 실질적인 일인자였다. 그러므로 그는 사신이라기보다 신라왕을 대신하여 당 태종과 담판을 지을 수 있는 모든 권한을 갖고 있는 인물이었다. 당 태종도 이를 모르지 않았다. 그래서 광록경(光祿卿)을

경주 무열왕릉 경북 경주 소재, 하일식 교수 제공

보내 교외에서 맞이하게 하는 등 후례를 베풀었다. 또 『삼국사기』 신라본기에 의하면 당 태종이 김춘추를 사사로이 만나 후하게 예우하면서 밀담을 나누었다고 한다. 이때 두 사람 사이에 고구려와 백제를 정벌하여 멸망시킨 후 그 땅을 어떻게 나눌지에 대해 밀약이 맺어졌다. 그 밀약의 내용은, 신라본기에 실려 있는 문무왕이 671년에 당의 장군 설인귀(薛仁貴)에게 보낸 답서에 언급되어 있다.

이 밀약의 핵심 내용을 보면, 당과 신라의 군사연합이 고구려와 백제 정벌을 목표로 하고 있으며, 전쟁의 성과를 나눌 때 평양 이남에 있는 고구려 영토와 백제 영토를 신라에 귀속시키는 것이었다. 당시 신라가 기대한 대당외교의 목표는 백제 병합이었다. 그런데 고구려 정벌이 시급했던 당 태종은 신라군을 동원하기 위해 평양 이남의 땅까지 주기로 약속한 것이다.

당 태종은 김춘추와의 밀약으로 신라군을 동원하면 이번 재원정은 성공할 수 있으리라 나름 확신했던 듯하다. 그리하여 김춘추에 대한 예우가 각별했다. 김춘추에게 정2품 특진의 관작을 주고, 아들 문왕은 종3품 좌무위장군(左武衛將軍)으로 삼았다. 또한 김춘추가 귀국할 때 조정의 3품 이상 관리들에게 송별잔치를 열도록 조칙을 내리기도 하였다.

하지만 당 태종이 곧 사망함으로써 밀약은 물 건너갔다. 649년 5월 태종은 죽으면서 고구려 원정을 그만 두라는 유언을 남겼다. 이 유언은 앞으로 고구려 원정을 하지 말라는 뜻이 아니다. 바로 그해의 원정 계획에 맞추어 그동안 준비를 갖추어왔던 고구려 원정을 중단하라는 뜻이다. 이렇게 당 태종의 죽음으로 고구려는 일단 한숨을 돌리게 되었다.

당 고종 초기의 정세 변화

태종의 뒤를 이어 즉위한 고종 초기에는 태종의 처남인 장손무기가 태종의 유지를 받고 실권을 잡고 있었는데, 그는 대외적으로 유화책을 지지하고 있었다. 하지만 당과 고구려 관계에서는 유화책이 쉽지 않았다. 불과 얼마 전까지 당 태종이 추진한 대규모 원정의 명분을 불식할 만큼 양국 관계를 개선시킬 요인이 별로 없었기 때문이다. 즉 당 태종이 고구려를 원정하는 명분이 연개소문의 패륜성에 맞추어져 있었기 때문에, 연개소문이 치죄되지 않는 이상 양국 관계를 개선할 여지가 없었던 것이다. 따라서 연개소문으로서도 당에 대해 화평정책을 취할 수는 없는 노릇이었다. 실제 고구려가 당과의 관계를 개선하기 위한 외교활동은 사료상으로도 거의 보이지 않는다. 652년 정월에 당에 사신을 파견한 것이 태종 죽음 이후 처음이었다.

당 태종의 죽음은 주변 여러 나라에 영향을 주었다. 예컨대 645년 원정에서 돌아온 태종을 칭송하는 국서를 올렸던 토번이 태종의 죽음 이후 당을 경시하는 태도를 취하였다. 또 서돌궐의 아사나하로(阿史那賀魯)는 651년에 사발략가한이라고 칭하면서 당에 반기를 들었다. 다급해진 당은 여러 차례 원정대를 파견하였으나 서돌궐의 본거지에도 이르지 못하였다. 645년 당 태종의 원정 때 고구려가 말갈을 통해 당 북쪽의 설연타와 연결하려는 전략을 구사한 바 있는데, 마찬가지로 이때 서돌궐이 흥기함에 따라 고구려는 서돌궐과도 손을 잡으려고 시도한 듯하다. 딱히 문헌기록은 없지만, 아프라시아브

(Afrasiab)궁전벽화에 그려진 고구려 사신도가 그럴 가능성을 시사하고 있다.

한편, 고구려는 한반도 내에서는 백제와 연계하여 신라를 압박하고 있었다. 645년 당 태종의 침공 때 신라는 당 편에 서서 고구려 남쪽 경계를 공격하였는데, 이 틈을 타서 백제는 신라를 공격하여 고구려를 공격하던 신라군을 회군케 한 바 있다. 실제 의도와 관계없이 백제가 고구려를 지원한 결과가 되었다. 이후 당은 백제에 의심의 눈초리를 거두지 않았다. 예컨대 651년에 백제가 당에 사신을 파견하자, 당 고종은 신라를 공격하지 말고 빼앗은 땅을 돌려주라고 하면서 노골적으로 신라 편을 들었다. 이에 백제도 652년 정월 사신 파견을 끝으로 당과의 외교관계를 단절하였다.

이는 백제가 당 태종의 침공을 물리친 고구려를 동맹 파트너로 선택했음을 뜻한다. 백제가 당을 적대국으로 돌린 것은 아니더라도, 최소한 신라에 대해서만큼은 고구려와 백제 양국이 공동의 적으로 삼았다. 그 결과 655년 정월에 고구려와 백제가 연합하여 신라의 30여 성을 함락시키는 전과를 거두었다. 고구려 입장에서 볼 때 백제와의 연합으로 신라를 압박하여 남부 전선이 안정될 수 있었다. 이렇게 남부 전선의 부담을 덜면 요동 전선에 힘을 모을 수 있다는 점에서 이 역시 대당전략의 맥락으로 파악할 수 있다.

이와 맞물려 고구려는 서부 전선에서도 공세적인 전략을 취하고 있었다. 대표적인 사례가 요서 지역에 있던 거란에 대한 공격을 시도한 것이다. 654년 10월에 고구려 장군 안고(安固)는 고구려군과 말갈병을 이끌고 거란의 신성(新城)을 공격했는데, 거란의 송막도독(松漠都督) 이굴가(李窟哥)가 반격하여 고구려군을 패퇴시켰다고 한다. 거란의 신성은 지금의 서요하 시라무렌강 유역으로 비정된다.

이처럼 당 태종 사망 이후 장손무기 정권이 유화적인 대외정책을 펼치는 사이 고구려는 대신라정책에서는 백제와 연합하여 공세를 취하고 있었고, 대당정책에서는 서돌궐과 연결을 시도하거나 요서 지방의 거란을 공격하는 등 보다 적극적으로 대처하고 있었다.

나·당연합과 백제 공격

고구려와 백제가 손을 잡고 압박해오는 상황에서 신라는 당과의 외교관계에 매달리는 수밖에 없었다. 당 고종 즉위 이후에도 지속적으로 사신을 파견하였다. 650년 6월에는 김춘추의 아들 법민을 파견하여 전해에 백제의 침공을 물리친 것을 알리는 동시에, 진덕왕이 스스로 '태평송'을 짓고 이를 비단에 수놓아 당 고종에게 공헌하였다. 654년 3월 진덕왕이

장회태자묘 벽화 예빈도

당 고종과 측천무후의 둘째 아들인 이현(장회태자)의 묘에 그려진 벽화 일부로, 당의 관리들이 외국 사신을 맞이하는 광경을 기록한 그림이다. 조우관을 쓴 인물은 고구려 혹은 신라 사신으로 보고 있다. 중국 섬서역사박물관 소장, commons.wikimedia.org (검색일: 2022. 6. 15)

사망하고 김춘추가 왕위에 올랐다. 당 고종은 윤5월에 사신을 보내 김춘추를 신라왕에 책봉하였고, 김춘추 역시 이에 화답하는 사신을 보냈다.

김춘추에게는 운이 따랐다. 때마침 당의 정계에서 커다란 변화가 있어, 태종과의 밀약을 실행할 수 있는 기회가 주어진 것이다. 655년 초부터 당 고종은 친정체제를 확립하려고 시도했다. 그 과정에서 왕(王) 황후를 폐위시키고 무측천(武則天)을 황후로 책봉하기 위해 정계 재편을 시도했다. 당 태종의 유훈을 받은 보정대신 장손무기, 저수량 등이 왕 황후의 폐위를 적극 반대하자 이들을 물리치고, 무측천을 지지했던 허경종(許敬宗) 일파를 중심으로 하는 정권을 성립시켰다. 장손무기와 껄끄러운 관계에 있던 이적도 고종을 지지했다. 게다가 658년에 저수량, 659년에 장손무기가 잇달아 사망함으로써 장손무기 일파는 완전히 힘을 잃었다.

대외정책에서 온건유화책을 취하던 장손무기 정권이 물러남에 따라 당의 대외정책도 크게 변화하였다. 655년부터 허경종 정권은 이적 등과 함께 대외강경책을 펼쳤다. 그 대표적인 예가 서돌궐에 대한 적극적인 공세였다. 허경종 정권은 655년에 서돌궐에 원정대를 파견하였고, 657년 윤1월에 소정방(蘇定方)이 출정하여 서돌궐의 주력부대를 격파하고, 658년 2월에는 아사나하로를 사로잡고 서돌궐을 궤멸시켰다.

당의 대고구려정책도 강경한 입장으로 바뀌었다. 655년 정월, 고구려와 백제의 협공을 받은 신라 김춘추는 다급하게 당에 구원을 요청하였다. 이에 고종은 신라를 구원한다는 명분으로 655년 5월에 영주도독 정명진(程名振), 좌위중랑장(左衛中郎將) 소정방(蘇定方)에게 고구려 신성을 공격케 하였다. 이후 당군은 659년까지 거의 매년 고구려 요동 지역을 공격하였다. 이제 고구려에 대한 당군의 대규모 공격이 임박했다는 분위기가 느껴졌다. 그런데 이듬해 정작 당의 대군이 향한 곳은 백제였다.

당이 백제를 먼저 공격하기로 최종 결정한 시점은 659년 11월 무렵이었던 듯하다. 11월 21일에 소정방을 신구도총관(神丘道總管)으로, 유백영(劉伯英)을 우이도총관(嵎夷道總管)으로 임명하여 백제원정군을 조직하였다. 그해 윤10월 29일에 일본 사신이 당 낙양에 도착해서 일을 마친 뒤에도 백제 원정 정보가 새어나갈까봐 일본 사신을 백제 멸망 때까지 가두었다가 돌려보낸 것도 그런 맥락이다. 660년 3월 10일에 당 고종이 소정방을 신구도행군대총관으로, 신라왕 김춘추를 우이도행군총관으로 삼았다는 기사를 보면, 3월 시점에서야 비로소 신라 측에도 백제 원정계획을 최종 통보한 것이 아닌가 싶다. 이런 사례에서 당이 은밀하게 백제 정벌을 추진하였음을 짐작할 수 있다.

660년 6월 18일, 20만 명에 가까운 대군이 백제 북쪽 경계 너머 신라 영역에 집결하고 있었다. 덕물도(지금의 덕적도)에는 당의 장수 소정방이 13만 대군을 거느리고 산동반도의 내주(萊州)를 출발하여 바닷길로 막 도착한 참이었다. 태종 무열왕은 김유신과 더불어 총력을 기울인 신라군을 이끌고 5월 26일에 수도 서라벌을 출발하여 6월 18일에 신라 남천정(지금의 이천)에 이르러 머물렀다. 무열왕은 21일에 아들 법민을 덕물도로 보내어 당군을 맞이하고, 앞으로 군사행동 일정을 협의하였다. 그 결과 7월 10일에 백제 기벌포(伎伐浦: 지금의 금강 하구)에서 양군이 만나 사비성을 공략하기로 정했다. 기벌포까지 각각 20일의 행군 기간을 둔 것이다. 당군은 해로로 이동하기 때문에 여유롭지만, 육로로 진격해야 하는 신라군의 이동 일정에 맞춘 것이다.

백제 중앙정부가 우왕좌왕하는 사이에 이미 당군과 신라군은 백강과 탄현을 지나 사비성으로 다가오고 있었다. 의자왕은 부랴부랴 달솔 계백(階伯)으로 하여금 신라군을 막게 하고, 기벌포에 상륙해 진격하는 당군을 금강 입구에서 방어하고자 했다. 하지만 이미 전세는 돌이킬 수 없을 정도로 기울고 있었다. 12일에 나·당연합군은 사비성을 포위하였고, 13일에 의자왕은 웅진성으로 피신하였다. 사비성은 곧 항복하였고, 18일에 의자왕은 웅진성주의 배신으로 사로잡혀 당군의 포로가 되었다. 백제의 사직이 무너지기까지 단 7일 만이었다. 이렇게 백제는 너무도 순식간에 멸망하였다.

당군이 고구려 원정에 앞서 백제 공격을 시도한 것은 고구려 공격에 신라군을 동원하기 위한 목적이 가장 우선이었을 것이다. 물론 백제 땅에 기미(羈縻)지배체제를 시행하여 당의 영토로 삼는다는 계획은 당연한 전제였다. 그 외에도 당군은 다양한 전술과 병력의 이동방식을 실전으로 점검하는 의도도 있었을 것이다. 소정방이 거느린 13만 군사를 모두 배로 이동시키는 전략을 시험했다. 게다가 백제 영토에 고구려 공격을 위한 거점도 마련할 수 있었다. 또한 신라군을 동원하여 고구려 남쪽으로부터 공격이 가능해지면서 평양성 공함의 성공 가능성도 커졌다. 우군인 백제가 멸망한 후 고구려는 남부 전선의 방어망을 강화해야 했기 때문이다. 이렇게 당은 손쉽게 많은 것을 얻었다.

아프라시아브궁전벽화의 고구려 사신도

1965년 사마르칸트(Samarkand) 아프라시아브(Afrasiab) 언덕에서 고속도로 공사 중에 옛 소그드왕국의 궁전을 발견하였다. 그중 가로세로 11미터의 작은 접견실로 추정되는 방에서 선명하고 아름다운 색채로 빛나는 벽화가 드러났다. 이 아프라시아브궁전벽화는 세계 고고학계와 미술사학계의 눈길을 한몸에 받았다.

벽화는 동쪽 출입문 주변은 물론 서쪽과 남북쪽 모두에 빼곡히 그려져 있다. 그림에는 왕실 행렬, 각국 사절, 사냥과 뱃놀이, 강에서 활을 쏘는 사람과 물고기 등이 보인다. 서쪽 벽은 아마도 소그드왕이 앉아 있던 곳으로 추정하고 있는데, 그 아래 단 오른쪽 끝에는 두 개의 새깃털을 꽂은 모자, 즉 조우관을 쓰고 허리에는 고리칼을 차고 옷소매에 두 손을 넣고

단정히 서 있는 두 명의 인물이 그려져 있다.

이런 조우관을 쓴 인물은 우리 고대의 삼국인으로 추정한다. 돈황(敦煌)의 237호 벽화, 중국 서안(西安)의 장회태자묘 벽화, 중국에서 출토된 당나라 시대에 만들어진 여러 금속공예품에 보이는 조우관을 쓴 인물상이 대표적인 예이다. 조우관만이 아니다. 손잡이에 둥근고리를 단 이른바 '환두대도' 역시 삼국에서 흔히 발견되는 유물이다. 따라서 조우관과 환두대도를 합쳐 보면 이들 인물상이 우리 삼국시대 인물을 묘사하였음이 분명하다.

그런데 이 궁전 전체 벽화의 주인공을 알려주는 명문이 서쪽 벽 왼쪽에 있는 인물의 흰색 옷자락에 고대 소그드어로 쓰여 있다. 그 주인공은 소그드왕 바르후만(Varkhuman)이다. 바르후만왕은 650년경에 당에 사신을 보내는 등 7세기 중반 무렵에 활동했던 인물이다. 따라서 삼국인 중 시기상으로나 지리적 위치로 보아 이들 인물상은 고구려인으로 볼 수 있다.

멀고도 먼 사마르칸트의 궁전벽화에 고구려인이 그려지게 된 배경은 무엇일까? 이에 대해 학계의 견해는 둘로 모아진다. 하나는 고구려인이 직접 소그드왕국과 외교적 교섭을 하기 위해 찾아갔다는 견해이다. 물론 이는 당을 견제하려는 외교전략이며, 645년 당 태종의 침공 때에 말갈을 중개자로 해서 설연타와 손잡으려고 시도한 사례와 맥락이 비슷하다는 것이다.

두 번째는, 실제로는 소그드왕국에 고구려 사신이 오지 않았는데, 고구려인에 대한 정보나 도상이 전해져서 벽화로 남게 되었다고 보는 견해이다. 이 견해는 소그드왕국과의 교섭 가능성에 의문을 갖는다. 하지만 단순히 도상을 보고 그렸다고 하기에는 조우관을 쓴 고구려인들이 매우 생생하게 묘사되어 있어서, 실제 사신을 보고 그렸을 가능성에 좀 더 무게가 실린다. 또 아프라시아브궁전벽화의 고구려인은 고리칼을 차고 있는 무인상이라는 점에서 현재 중국에 남아 있는 조우관을 쓴 인물들의 도상과는 차이가 있다.

그렇다고 당시 고구려가 소그드왕국과 어떤 외교적인 연결을 꾀했다고 해석하는 것은 비약이라고 생각한다. 일단 소그드왕국 자체가 어떤 독자적인 외교활동이나 군사활동으로 반당(反唐)적인 태도를 취했다는 근거가 없고, 그럴 성향도 찾기 어렵다고 본다. 그래서 고구려가 소그드왕국과 외교교섭을 시도했다는 견해도 조심스럽다.

고구려 사신이 그곳에 간 것인지, 아니면 도상이 전해져서 그려진 것인지에 대해 아직 학계의 논의는 팽팽하다. 그래도 한 가지 사실은 확인된다. 고구려 사신이 소그드왕국을 방문했든 안 했든, 바르후만왕의 위엄을 과시하기 위한 벽화에 고구려 사신이 선택되었다는 점에서, 고구려의 명성이 서역 땅에까지 널리 알려졌다는 점은 분명하다.

아프라시아브궁전 서벽 벽화(복원도) commons.wikimedia.org(검색일: 2022. 6. 15)

아프라시아브궁전 서벽 벽화(모사복원도) 동북아역사넷 제공

제13장

661년 평양성전투에서 태산 봉선까지

661년 평양성전투

백제를 멸망시킨 후 당 고종은 내친 김에 고구려마저 병합하려는 의욕이 넘쳤다. 660년 12월 15일에 고구려 원정을 공포하고 글필하력, 소정방, 유백영, 정명진 등으로 원정군을 편성하였다. 백제 원정에서 기벌포에 상륙할 때 벌인 전투 외에는 이렇다 할 변변한 전투 없이 싱겁게 끝나버렸기 때문에 당군의 전력 손실은 예상 외로 적었다. 그래서 곧바로 고구려 원정군을 편성할 수 있었던 것이다. 게다가 당은 백제 원정을 통해서 중요한 몇 가지 전략과 전술을 실험하였다. 무엇보다 13만 명의 대군을 바닷길로 한반도 전투 지점에 상륙시킬 수 있는 해상 수송 능력을 확보한 점이 중요했다. 이는 요동을 거치지 않고 고구려 평양성을 직접 공격할 수 있는 새로운 전략을 구사할 수 있음을 뜻한다.

661년 4월에 당 고종은 아버지 태종처럼 직접 고구려 원정을 나서기 위해 35군이라는 대규모 원정군을 편성하였는데, 주위의 만류로 고종이 직접 출정하려는 계획은 그만두었다. 따라서 애초에 편성된 35군이라는 대규모 군대가 실제로 고구려 원정에 투입되었다고 보기는 어렵다. 하지만 다수의 행군총관들이 평양성전투에 참여했음이 기록상 확인되기 때문에, 이때 원정군의 규모가 결코 만만치 않았음을 짐작할 수 있다. 그런데 661년 당군의 고구려 원정은 무참한 패배로 끝났기 때문인지, 관련 기록이 매우 소략하다. 이 소략한 기사로나마 최대한 당시의 전쟁 상황을 복원해 보자.

661년 4월 이후 편성된 당군의 공격로는 사료상으로 볼 때 크게 두 길로 나뉜다. 8월에 평양도행군대총관인 소정방이 거느린 군대는 패강(浿江: 대동강)전투에서 고구려군을 깨뜨리고 마읍산(馬邑山)을 차지하여 군영을 만들고 평양성을 포위하였다. 당시 소정방이 거느린 군대의 진공로에 대해서는 어떤 기록도 없다. 다만 정황상으로 볼 때 백제 원정 때 출정한 산동반도에서 출발하여 해로로 대동강 입구로 들어와 평양성을 직공한 것으로 추정한다.

한편 요동도행군총관인 글필하력이 이끄는 당군은 9월에 압록강에 이르렀다. 이때 연개소문은 아들 남생에게 수만 정예군을 주어 압록강을 지키게 하였지만, 마침 압록강이 얼어서 도강한 당군의 공격으로 남생이 이끄는 고구려군 3만 명이 몰살당하고 겨우 남생만 빠져나오는 패전을 당했다. 당시 남생은 28세로 전투 경험이 전혀 없었으니, 숱한 전쟁터를 겪은 백전노장 글필하력의 상대가 결코 될 수 없었다. 이 압록강전투의 패배는 곧 연개소문 가문의 권력 독점이 빚어낸 국가적 위기의 시작이라고 하겠다.

그런데 글필하력 군대의 이동경로는 불분명하다. 통상 글필하력 군대는 육로로 압록강까지 진공한 것으로 보는데, 과연 대규모 당군이 요동의 고구려 영역 안을 아무런 저항도 받지 않고 통과할 수 있었는지는 의문이 든다. 혹 압록강까지 진공 자체는 가능할 수 있다고 해도, 회군할 때에는 상황이 다를 수 있다. 글필하력 군대는 압록강전투 이후 곧 본국으로 소환되었는데, 귀환할 때에 어떤 전투에 대한 언급도 기록에 보이지 않는다. 글필하력 군대가 아무런 저항도 받지 않고 압록강까지 진공했다가 또 무사히 되돌아갈 수 있는 경로는 과연 어디일까? 필자는 해로를 이용하여 요동반도 남단의 어느 지점에 상륙한 뒤에 육로로 압록강 방면을 향해 진공한 것으로 추정하고 있다. 아마 글필하력 군대의 주요 임무는 압록강 일대를 장악하여 요동 방면으로부터 고구려 지원군을 차단하여 평양성을 고립시키는 것이었다고 추정한다.

한편 당 정부는 장안에서 숙위하던 김인문을 신라에 보내어 문무왕에게 출병을 요구하였다. 이때는 무열왕이 병으로 사망하고 문무왕이 즉위한 직후였다. 상중(喪中)이지만 문무왕은 당의 요구에 따라 원정군을 편성하였다. 당시 신라원정군에는 장군 24명이 편성되었으며, 총병력은 약 3만 6,000명 정도로 추정된다. 8월에 문무왕은 김유신 등과 함께 군사를 거느리고 남천주(지금의 이천)에 이르렀으며, 웅진도독인 당의 장수 유인궤(劉仁軌)도 군대를 거느리고 남천주에서 신라군과 합류하였다. 그런데 옹산성(甕山城: 지금의 대전 계족산성)에 웅거하고 있던 백제부흥군으로 인해 신라군의 진격이 어려워졌다. 10월 27일에 이들을 진압했지만, 이미 신라군의 진격은 상당히 지체되었다.

당시 당군의 전략은 백제 원정 때와 마찬가지로 속전속결 전략이었던 듯하다. 645년 당 태종의 침공 때에도 드러났듯이 요동의 고구려성을 모두 무력화시키는 전략을 쓸 경우에는 쉽사리 평양성까지 진격하기 어렵다는 점을 깨달은 당군은 육로와 해로 양쪽에서 평양으로 직공하고, 남쪽에서는 신라군의 출병을 요청하였다.

즉 압록강 일대를 장악하고 남하하는 글필하력의 군대 및 해로로 평양으로 직공하는 소정방의 군대, 그리고 남방 전선에서 북상하는 신라군이 연합전선을 구축하여 평양성을 동시에 공격하려는 전략이었다. 백제 원정에서 승리를 거둔 당군은 자신감에 가득 차 있었기 때문에 백제 원정에서 시도한 것처럼 수도 평양성을 직공하는 속전속결 전략을 구사한 것이다.

그런데 당군의 이런 전략은 곧 틀어지기 시작하였다. 북상하던 신라군이 백제부흥군 때문에 10월에 들어서도 더 이상 진군하지 못하고 있었다. 더 심각한 일은 9월에 압록강에 도착한 글필하력 군대의 소환이었다. 서부 몽골 일대에 있던 철륵이 반란을 일으켰기 때문이다. 다급해진 당은 대규모 원정군을 편성하였는데, 고구려 압록강 방면 원정에 투입되었던 글필하력, 소사업(蕭嗣業), 설인귀 등 부대를 돌려 몽골초원 방면으로 이동시켰다. 글필하력은 본래 철륵의 한 무리인 글필부(契苾部) 출신으로 632년에 당나라로 귀순한 인물인데, 그에게 안무대사(安撫大使)를 맡겨 철륵의 반란을 수습케 한 것이다. 663년 1월에야 당은 겨우 철륵을 평정할 수 있었다.

이렇게 남북 양쪽에서 평양으로 향하던 두 부대의 진격이 중단된 상태에서 평양성을 직공하는 소정방의 부대만 남았다. 그럼에도 평양성을 포위하고 있던 소정방의 당군은 돌아가지 않고 진영을 구축하고 단독으로 전투를 수행하고 있었다. 전력상 소정방 군대만으로도 평양성 공격이 가능하다고 판단했던 것이다.

당시 평양성을 포위하고 있던 당군의 전력은 어느 정도였을까? 처음에 당 고종은 친정하기 위하여 35군을 동원하였다. 하지만 친정을 포기하였기 때문에 35군 전력 모두를 투입하지는 않았을 것이다. 게다가 압록강으로 진격한 글필하력과 전력을 둘로 나누었기 때문에 평양성을 직공하는 소정방 군대의 규모는 훨씬 줄어들었을 것이다. 그렇다고 해도 애초 편성했던 행군총관 다수가 평양성전투에 참여한 흔적이 보인다. 개중에는 유백영, 임아상(任雅相), 정명진 등 소정방 휘하에서 백제 원정에 참여했던 인물들이 눈에 많이 띈다. 아마도 백제원정군 13만 명 정도가 평양성 공격에 투입된 것이 아닌가 싶다.

그런데 신라군의 북진이 늦어지자 평양성을 포위하고 있던 소정방 군대에게 심각한 문제가 생겼다. 다름 아니라 군량 등 보급 문제였다. 9월 말 신라군이 옹산성의 백제부흥군을 진압할 무렵에 당군 함자도(含資道)총관 유덕민(劉德敏)이 신라에 와서 군량 지원을 요청하였다. 소정방 군대는 이미 9월경부터 군량 부족이란 고초를 겪고 있었다. 외형상으로는 당군이 평양성을 포위하고 있는 형국이었지만, 본격적인 공세를 펼치기는 어려웠을 것이다. 보급이 끊긴 소정방은 초조했다. 이듬해에 들어 고구려군의 역공세가 시작되었다. 662년 2월 14일에는 패강도대총관 병부상서 임아상이 병으로 진중에서 죽었다. 2월 18일에는 사수(蛇水)전투에서 방효태 군대가 연개소문의 군대와 격전을 벌이다가 수만 군사가 패몰하는 참패를 당하였다. 이때 방효태와 그의 아들 13명이 함께 전사하였다. 이제 평양을 포위하고 있던 소정방의 당군은 궤멸 위기에 처해 있었다.

662년 정월에 문무왕은 김유신에게 김인문 등 아홉 장군과 함께 수레 2,000여 대에 쌀 4,000섬과 조(租) 2만 2,000여 섬 군량을 평양의 소정방 군대에게 보급하라고 명하였다. 이

어려운 임무를 수행하면서 김유신은 다시 한번 탁월한 군사 전략가로서의 면모를 보여주었다. 김유신이 이끄는 보급부대는 1월 23일 칠중하(임진강)를 건너 2월 1일에는 장새(지금의 황해도 수안)을 지났고, 2월 6일에 양오라는 곳에 이르러 당군에 군량을 전달하였다. 소정방의 당군은 비록 신라군으로부터 군량을 보급받았지만, 이미 평양성을 공격할 수 있는 전력을 상실한 상태였다. 그렇다고 바로 퇴각하지는 못한 듯하다. 3월 말 이후에야 겨우 바닷길로 귀환하였다. 소정방은 백제를 멸망시킨 공훈이 1년 만에 빛이 바래고 말았다. 김유신의 신출귀몰한 군량수송작전으로 그나마 목숨을 부지하고 돌아간 것만도 천만다행이었다.

고구려 태자, 태산 봉선에 참여하다

665년 10월 24일 고구려 보장왕의 태자 복남(福南)이 당의 낙양에서 고종을 조회하였다. 662년 3월에 소정방의 대군이 평양성 공격에 실패하고 참담한 패배를 안고 돌아간 지 불과 3년 반 남짓 뒤였다. 이때 복남이 당을 찾은 이유는 이듬해 정월에 있을 당 고종의 태산(泰山) 봉선(封禪)에 참여하기 위해서였다. 당 태종이 직접 원정에 나섰던 645년부터 20년 동안 크고 작은 전쟁을 치렀던 두 나라 관계를 생각하면 의아할 정도이다. 고구려 태자의 당 봉선 참여는 과연 어떤 배경에서 이루어진 것일까?

649년 5월 당 태종의 뒤를 이어 즉위한 고종은 유약하다는 이미지를 씻고 대외정책에서 적지 않은 성과를 거두었다고 평가된다. 재위 초기에는 실권을 장악하고 있던 장손무기 정권이 대외적으로 온건유화책을 취했지만, 655년부터 장손무기를 물러나게 하고 허경종 정권을 세워 대외강경책을 시도했다. 그 결과 658년 2월에 아사나하로를 사로잡고 서방의 서돌궐을 궤멸시켰으며, 660년에는 동방에서 신라와 손을 잡고 백제를 멸망시켰다. 663년에는 북방의 철륵도 제압했다. 단지 661년 고구려 평양성 공격만 실패했던 것이다.

이러한 자신의 업적을 현양하기 위해 664년 7월 당 고종은 태산 봉선을 추진한다는 조서를 반포하였다. 봉선이란 천하 통일을 이룬 군주가 태산에 올라 통치의 성공을 하늘에 보고하고 감사드리는 중국 고대의 제사의례였다. 진 시황이 봉선을 지낸 이래 한 무제와 후한 광무제가 봉선을 행하였다. 사실 당 태종도 631년에 스스로의 치적을 내세우며 봉선을 행하려 했으나 위징(魏徵)의 간언으로 그만둔 바 있다. 따라서 당 고종의 봉선 추진은 그만큼 고양된 자부심의 표현이라고 할 수 있다.

그런데 이때 봉선의 특징은 당 내부의 신하들만이 아니라 주변 국가의 사절들까지 대거 참가하였다는 점이다. 실제로 666년 정월 봉선에는 당 북방의 돌궐, 서방에서 파사국(波斯國: 페르시아 지역) 등, 남방에서 천축국(天竺國: 인도 지역) 등, 동방에서 고구려·백제·신라·왜 등 많은 주변 국가의 사절이 참가하여 그때까지 없었던 대규모 성황을 자랑했다. 이들 여러 나라의 사절 역시 665년 10월까지 낙양으로 모였다. 고구려 태자 복남이 낙양에 간 것도 이러한 봉선 과정에 참여하기 위해서였다.

당 고종은 낙양에 모인 제후, 제왕 및 주변 참가국 사절들을 이끌고 10월 말에 태산을 향해 출발하여 12월에 도착하였다. 666년 정월 1일부터 태산 봉선의례를 시작하여 공자의 고향 곡부(曲阜)를 거쳐 4월 초에 장안으로 돌아올 때까지 약 3개월여에 걸친 봉선의례가 진행되었다.

이렇듯 당 고종의 태산 봉선에 주변 여러 나라 사절들이 참가한 것은 실제 외교관계와 관계없이 당의 입장에서는 이들 국가를 당의 번신(藩臣)으로 간주한다는 의미를 갖는다. 봉선이 천하 통일의 성공을 하늘에 고하는 의례인 만큼, 여기에 참가한 국가는 관념상 당의 천하에 포함되는 번신이 되는 셈이다. 봉선에 참가하는 여러 나라들 역시 이러한 점을 충분히 인식하고 있었을 것이다. 사실 당이 주변의 여러 나라들을 봉선에 참가시키기 위해 어떤 태도를 취했는지에 대해서는 기록이 잘 남아 있지 않지만, 적잖은 노력을 기울였다고 짐작된다.

고구려의 태자가 태산 봉선에 참여하는 과정에서 아마도 사전에 당이 고구려에 대해 우호적인 메시지를 보냈다고 짐작된다. 645년과 661년 두 차례 대규모 군대를 동원한 원정이 모두 실패함으로써 당은 고구려를 군사적으로 굴복시키는 것이 불가능하다고 판단했던 듯하다. 그럴 바에야 다른 주변 국가처럼 차라리 봉선의례에 참여시킴으로써 관념적, 의례적으로나마 당의 복속국으로서 고구려의 위상을 확인하는 정책이 더 바람직하다고 판단한 것으로 보인다.

바꾸어 말하면 고구려의 의례적 복속을 대가로 고구려와 평화적 외교관계를 맺겠다는 뜻이다. 보장왕의 태자인 복남이 태산 봉선의례의 사절로 파견되었음을 볼 때 고구려 역시 당의 요구를 수용했음을 짐작할 수 있다. 더욱이 참가국 사절 중에서 가장 높은 지위라고 할 수 있는 태자를 보냈다는 점에서도 고구려 역시 봉선 참여를 양국 관계 변화의 계기로 삼으려 했음을 짐작할 수 있다. 이렇듯 666년 정월 고구려 태자가 태산 봉선의례에 참석했다는 사실은 두 나라 사이의 적대적 관계를 우호적 관계로 바꾸는 외교적 타협의 산물이었다.

그런데 그해 6월에 연개소문의 장남 남생이 보낸 사신이 당의 조정에 도착했다. 사신은 남생이 투항하겠다는 뜻을 전했다. 고구려에 대해 강경책을 포기하고 유화책으로 돌아섰던 당 고종으로서는 뜻밖의 행운이 찾아온 셈이다. 그사이 고구려에서는 어떤 일이 벌어진 것일까?

제14장

고구려와 당 최후의 전쟁

남생의 투항

666년 6월 고구려 태막리지 남생의 아들 헌성이 당의 조정에 도착했다. 헌성이 당에 온 목적은 아버지 남생의 투항 의사를 거듭 전하기 위해서였다. 남생은 직전에 측근인 대형(大兄) 염유(冉有)를 당에 보내 투항하고자 했다. 그러나 당 조정은 아무런 반응이 없었다. 느닷없는 남생의 투항이 거짓이 아닌가 의심한 것이다. 그래서 남생은 16살에 불과한 아들 헌성을 다시 당으로 보낸 것이다. 즉 자신의 항복이 진심임을 보여주기 위해서 아들을 인질로 보낸 셈이다.

남생은 연개소문의 맏아들로서 665년 10월 무렵에 연개소문이 사망하자 그 뒤를 이어 태막리지 자리를 차지한 인물이다. 명목상 최고통치자에 불과한 보장왕을 넘어서 실제로 최고집권자라고 할 수 있는 남생이 왜 당 투항에 목을 매고 있었을까? 도대체 고구려에서 무슨 일이 일어나고 있었던 것일까? 이와 관련된 『삼국사기』 고구려본기 기록을 살펴보자.

연개소문이 죽고 맏아들인 남생이 대신 막리지가 되었다. 처음 국정을 맡고 여러 성에 나아가 순행하면서, 그의 동생 남건(男建)과 남산(男産)에게 남아서 뒷일을 맡게 하였다. 어떤 사람이 두 동생에게 말하기를 "남생이 두 아우가 핍박하는 것을 싫

어하여 제거하려고 하니 먼저 계책을 세우는 것만 못하다"고 하였다. 두 동생은 처음에 이를 믿지 않았다. 또 어떤 사람이 남생에게 알리기를 "두 동생은 형이 돌아와 그 권력을 빼앗을까 두려워하여 형을 막고 들이지 않으려 합니다"고 하였다. 남생이 몰래 가까운 사람을 보내 평양에 가서 살피게 하였는데, 두 아우가 그를 붙잡았다. 이에 왕명으로 남생을 불렀으나 남생은 감히 돌아오지 못하였다. 남건이 스스로 막리지가 되어 병력을 내어 그를 토벌하니 남생이 달아나 국내성에 웅거하면서 그 아들 헌성을 당에 보내어 구원을 청하였다.

이 고구려본기 기록은 중국 역사서에 전하는 기사에 의거한 내용이다. 이 기록대로라면 남생이 지방을 순행 중인 동안에 평양에 남아 있던 남건과 남산 두 동생과 서로 의심을 품고 배신하여 국내성으로 쫓겨나 처지가 곤란해진 남생이 결국 당에 투항하게 되었던 것이다. 남생 형제 간의 불화는 처음부터 그랬다기보다는 형제 간에 분란을 일으키는 주변 인물들의 참소 때문으로 보인다.

그런데 남생은 왜 지방으로 새삼스레 순행을 가게 되었을까? 동생들에게 쫓긴 남생이 국내성을 근거지로 삼은 것을 보면, 국내성을 포함하여 요동 지역이 남생 순행의 주요 대상이었다고 짐작된다. 아마도 연개소문이 사망한 후 남생은 이들과의 정치적 타협 혹은 이들의 불만 등을 무마하기 위해 순행길에 나서게 되었다고 짐작된다.

평양성에서 두 동생에게 축출된 남생이 국내성 세력과 손을 잡았다는 점도 주목된다. 이는 국내성 지역의 정치세력이 평소에도 평양의 중앙권력과 대립적 분위기가 두드러졌음을 시사한다. 사실 남생이 국내성을 들어 당에 투항한다고 할 때, 이를 단지 남생만의 입장이라고는 볼 수 없다. 남생의 투항은 아마도 국내성에 근거하고 있는 정치세력의 동의 아래 이루어졌으리라 본다. 근래에 중국에서 발견되는 고구려 유민묘지명 중에는 고구려가 멸망하기 전에 이미 당에 투항한 귀족가문의 것을 찾아볼 수 있는데, 아마도 이 귀족가문 대부분이 이때 남생과 함께 투항한 세력으로 짐작한다.

신성 함락

666년 5월 남생이 아들 헌성을 당에 인질로 보냄으로써 당 조정도 비로소 남생의 투항이 진심임을 확신하게 되었다. 고구려 정벌을 포기하고 있던 당 고종은 희색이 만연했다. 다시 못 올지도 모르는 이 기회를 놓칠 수 없었다. 우선 급한 대로 고구려 국내성에 고립되어 있던 남생을 구하기 위한 원정군을 파견하였다.

고구려 서북방 최고의 요충성이었던 신성으로 비정되는 중국 무순(撫順) 고이산성(高爾山城) 전경(왼쪽)과 성문 성벽(오른쪽)

그해 9월에 글필하력, 방동선(龐同善) 등이 이끄는 당군은 국내성에 있는 남생을 구원하기 위해 교통로의 최전방에 있는 신성을 공격대상으로 삼았다. 당군의 선봉은 신성을 지원하려는 고구려군을 금산(金山)전투에서 크게 격파하는 승리를 거두었다. 그 뒤 국내성에 고립된 남생과의 합류를 시도했지만, 신성이 버티고 있는 상황에서 고구려 영역 깊숙이 진군하는 게 그리 쉽지 않았다.

9월 원정에서 남생의 구원이 여의치 않자, 당 조정은 12월에 대규모 원정군을 편성하였다. 그런 다음 당 태종의 친정 때 총사령관을 맡았던 노장 이적을 다시 불러 총사령관직을 맡겼다. 이듬해 1월에 출진한 이적 군대는 2월에 요하를 건너서 신성을 포위하였다. 이적은 휘하 장수들에게 이렇게 말했다.

> 신성은 고려 서쪽 변경의 진성(鎭城)으로 가장 요충지이다. 만약 먼저 도모하지 않으면 나머지 성은 쉽게 함락되지 않을 것이다.
> –『신당서』 고려전

그는 누구보다도 신성이 갖는 전략적 가치를 정확하게 판단하고 있었다. 당군은 신성 공략에 매달렸지만, 신성은 함락되지 않았다. 역시 고구려 서북 최대의 요충성답다고 할 만했다. 하지만 고립무원의 상태에서 8개월 가까이 항전이 계속되면서 성안의 저항력도 한계에 이르렀다. 9월이 되어 성안에서 사부구(師夫仇) 등 투항자들이 성주를 묶고 성문을 열어 항복하였다. 신성이 8개월 동안 항전을 계속하는 동안에 외부에서 신성을 지원하는 어떠한 움직임도 기록상으로는 보이지 않는다. 이는 곧 고구려 요동 방어시스템이 무너졌음을 뜻한다.

신성을 함락시킨 당군은 진격하여 남소성, 목저성, 창암성(倉巖城)을 공략한 후 남생의 군대와 합류하였다. 이러한 당군의 군사행동으로 결국 신성에서 소자하 유역을 거쳐 국내성까지 관통하는 지역이 당군에 의해 장악되었다. 645년 당 태종의 원정 때에도 당군은 고구려 요동 방어망의 최전선에서 한 걸음도 나아가지 못했다. 그런데 남생의 항복으로 인하여 신성에서 국내성까지 이어지는 교통로를 완전히 당군에게 내어주게 된 것이다. 고구려 북방 영토의 한복판이 그대로 당군에게 뚫리면서 요동에 이중 삼중으로 구축했던 방어망의 한 축이 그대로 무너지는 순간이었다.

신성 함락 이후 이적의 당군은 16성을 공함시키면서 압록강 일대로 남하하였다. 하지만 고구려군의 압록강 방어망을 쉽게 무너뜨리지 못하고 11월 초에 철수하였다. 그러나 645년 당 태종의 원정 때와는 상황이 달라졌다. 신성에서 국내성으로 이어지는 영역을 당군이 확보하였기에 당으로 귀환하지 않고 이곳에서 겨울을 지낼 수 있게 된 것이다. 고구려 영역 안에서 겨울을 지낸다는 것은 이듬해 초부터 곧바로 대공세를 시작할 수 있음을 뜻한다. 남생의 투항이 고구려 방어망에 얼마나 큰 타격을 주었는지를 실감할 수 있는 상황이 된 것이다.

한편 고구려 동남부 전선도 무너지고 있었다. 여기에는 연개소문의 동생 연정토의 신라 투항이 결정적이었다. 666년 12월 연정토는 12성 763호 3,543명을 이끌고 신라에 투항하였는데, 단지 주민만을 거느린 것이 아니라 자신이 다스리던 영역을 신라에 넘긴 것이다. 연정토가 다스리던 지역은 지금의 원산, 안변 등 동해안 일대의 거점으로서, 신라는 이곳에서 평양성을 공격할 수 있는 새로운 공격로를 확보할 수 있게 되었다. 결과적으로 신라는 원산만 일대에서 북한강 유역을 거쳐 임진강 유역 일대를 차지하면서 고구려 남부를 압박해 들어갈 수 있었다. 연정토의 신라 투항 이유는 알 수 없지만, 연개소문 아들들의 분쟁과 무관하지 않을 것이다.

이렇게 보면 연개소문의 장남 연남생과 동생 연정토의 배신, 투항이 고구려 방어체계 전체를 남북 양쪽에서 뒤흔들어 놓았던 것이다. 연개소문 집안의 내부 분열이 고구려 국가 전체의 멸망으로 이어진 셈이다.

668년 최후의 평양성전투

고구려 영역 내에서 겨울을 지낸 당군은 668년 2월부터 다시 공략에 나섰다. 첫 공략 대상은 부여성이었다. 2월 28일에 설인귀가 부여성을 공략하여 함락시키자, 이에 부여천(扶餘川)의 40여 성이 모두 당군에 항복하였다. 부여성 공략은 신성에서 국내성으로 이어지는 당군의 거점에 대한 후방의 위협을 없애려는 전술이었다. 여기서의 부여성은 농안(農安)과 길림(吉林) 일대가 아니라 동요하 방면 서풍(西豊)이나 요원(遼源) 일대로 추정된다.

당군의 주력은 압록강을 향해 남하하면서 고구려군 5만 명과 설하수(薛賀水)에서 격전을 벌였다. 이 전투에서 고구려군이 대패하면서 당군은 곧바로 대행성(大行城)으로 진격하여 함락시켰다. 대행성의 위치는 알 수 없지만, 박작성과 더불어 압록강 하구의 요충성임은 분명하다. 설하수에서 대행성으로 이어지는 당군의 진격로를 보면, 설하수의 위치 역시 압록강에서 북쪽으로 그리 멀지 않은 곳으로 보인다. 글필하력은 신성에서 소자하 유역을 경유하여 국내성에서 남생과 합류하고 압록강 하구로 진격하였다. 대행성을 함락시킨 이적은 늦어도 2월 말~3월 초에는 압록강 일대에 당군을 집결시켰다. 고구려군은 압록책(鴨綠柵)을 구축하여 최후 항전에 나섰다.

박작성으로 비정되는 중국 관전(寬甸) 호산산성(虎山山城) 전경
고구려시대 성벽은 일부 자취만 남아 있다. 현재 중국이 명대 장성 모습으로 복원하였다.
동북아역사재단 편, 『고구려성 사진자료집』

호산산성에서 내려다 본 압록강과 애하 합류 지점
동북아역사재단 편, 『고구려성 사진자료집』

그런데 당군의 평양성 공격은 한참 뒤의 일이다. 『자치통감』에 평양성 함락이 9월 12일이라고 하였고, 천남생 등이 항복한 시점은 평양성을 공격한 지 한 달여가 지난 뒤라고 했으니, 당군의 평양성 공격 시점은 대략 7월 말~8월 초 무렵이 된다. 당군이 압록책을 돌파하고 200여 리 거리에 있는 욕이성(辱夷城)을 함락시키고 평양성에 도착하는 시일을 최대 한 달여로 계산하면, 압록강 방어선을 돌파하는 시점은 6월 말 무렵이 될 것이다. 이러한 추정이 옳다면 고구려군은 적어도 압록강 방어선을 2월 말부터 6월 말까지 4개월 동안 버텨내고 있었던 셈이 된다.

이적, 글필하력 등 당군은 3월 이후 총력을 기울여 압록강을 도강하려고 시도했겠지만, 고구려군의 방어가 견고하였기 때문에 이를 돌파하지 못했던 것으로 추정된다. 이때 압록강 전투는 기록이 없어 구체적인 전투 상황을 알 수 없지만, 당 대군의 총공세에 맞서 4개월 동안 도강을 허용하지 않았다는 점에서 고구려군의 저항도 그만큼 필사적이었음을 짐작할 수 있다. 필자는 사료에 한 줄도 기록되지 않았지만, 장렬했던 이 '압록강전투'를 찾아내어 기록하고 기억하고자 한다.

압록강 도강이 뜻대로 되지 않고 시일이 흘러가자, 당은 평양성 공격에 신라군을 동원하고자 했다. 아마도 개전 초반에는 당 혼자서 고구려 정복이 가능하다고 판단하고 신라군을 배제하려고 했던 게 아닌가 싶다. 아무래도 신라군이 참전하면 고구려 멸망 후 신라 측의 지분을 인정하지 않을 수 없기 때문이다. 그래서 웅진도독 유인원(劉仁願)의 부대가 단독으로 고구려 남부 전선을 공격했으나 실패하였다. 당군은 부득이 신라군의 참전을 요청하지 않을 수 없었다. 유인궤는 6월 12일에 신라 당항성에 도착하여 김인문과 협상을 한 다음 평양 공격을 위한 기일을 약속하고 돌아갔다.

그달 21일에 문무왕은 김유신을 총사령관으로 하는 대규모 원정군을 편성하였고, 선발대로 김인문 등에게 한성주 등의 병력을 이끌고 평양으로 진격하도록 명령하였으며, 문무왕 자신도 27일에 서라벌을 출발하였다. 『삼국사기』 김인문전에는 이때 동원된 신라군이 20만 명이라고 기록하고 있는데, 다소 과장이 있더라도 문무왕의 친정이니 만큼 10만 명 이상의 대규모 병력이 동원되었을 것이다. 그러나 신라군이 아직 북상하기도 전에 고구려 남부 전선의 요충지였던 대곡성 및 3경의 하나인 한성(漢城)이 당군에 항복하였다. 고구려 남부 전선도 무너지고 있었다.

7월 16일에 문무왕은 한성에 도착하여 신라군의 본대를 북상시켰다. 신라군은 사천(蛇川) 벌판에서 고구려군과 격전을 벌여 물리치고 북진하였다. 대략 7월 말 무렵에 나·당연합군이 평양성을 포위하였다. 중국 사서인 『자치통감』에는 고구려 평양성의 최후 모습을 다음과 같이 기술하고 있다.

9월 계사일(12일)에 이적이 평양을 함락시켰다. (포위한 지) 한 달여가 넘어가자 고려왕 고장이 천남산을 보내 수령 98명을 거느리고 백기를 들고 항복하니 이적이 그들을 예의로 접대하였다. 천남건은 성문을 닫고 지키며 여러 차례 군사를 내보내 싸웠지만 모두 패배하였다. 남건은 승려인 신성(信誠)에게 군사일을 맡겼는데, 신성이 몰래 이적에게 사람을 보내 성안에서 호응하기로 했다. 닷새 후에 신성은 성문을 열었고 이적은 군사를 풀어서 성에 올라가서 북을 울리고 불을 질렀는데, 넉 달이나 불탔다. 남건은 자결하려 했으나 죽지 않아 사로잡았다. 고려가 모두 평정되었다.

이 문장으로 고구려의 최후를 마무리하기에는 못내 아쉬운 마음이다. 다행스럽게 신라 측이 남긴 약간의 기록이 『삼국사기』 신라본기에 전하고 있는데, 나름 격렬하게 저항했던 평양성전투의 일면을 엿볼 수 있다. 이는 10월 22일에 문무왕이 고구려와의 전투에서 공을 세운 인물들에게 포상을 내린 기록이다. 다른 역사 기록에서는 찾아볼 수 없는 귀중한 기록이기 때문에 다소 장황하지만 이를 인용해서 살펴보고자 한다.

김유신에게 태대각간을, 김인문에게 대각간 관등을 내렸다. 그 외에 이찬과 장군 등을 모두 각간으로 삼았고, 소판(蘇判) 이하에게는 모두 한 등급씩 더해주었다.

대당 소감 본득(本得)은 사천전투에서 공이 으뜸이고, 한산주 소감 박경한(朴京漢)은 평양성 안에서 군주(軍主) 술탈(述脫)을 죽인 공이 으뜸이며, 흑악령(黑嶽令) 선극(宣極)은 평양성 대문 전투에서 공이 으뜸이므로, 모두 일길찬의 관등을 주고 조(租) 1,000섬을 내렸다.

서당 당주 김둔산(金遁山)은 평양 군영 전투에서 공이 으뜸이므로, 사찬의 관등과 조 700섬을 내렸다.

남한산(南漢山) 출신 군사(軍師) 북거(北渠)는 평양성 북문(北門) 전투에서 공이 으뜸이므로, 술간의 관등과 벼 1,000섬을 내렸고, 부양(斧壤) 출신 군사 구기(仇杞)는 평양 남교(南橋) 전투에서 공이 으뜸이므로, 술간의 관등과 벼 700섬을 내렸다. 비열홀 출신 가군사(假軍師) 세활(世活)은 평양소성(平壤小城) 전투에서 공이 으뜸이므로, 고간의 관등과 벼 500섬을 내렸다.

한산주 소감 김상경(金相京)은 사천전투에서 전사하였는데 공이 으뜸이므로, 일길찬의 관등을 추증하고 조 1,000섬을 내렸다.

아술(牙述)의 사찬 구율(求律)은 사천전투에서 다리 아래로 물을 건너 나아가 적과 싸워 크게 이겼는데, 군령을 받지 않고 스스로 위험한 길로 들어갔기 때문에 공은 비록 으뜸이나 포상하지 않았다. 분하고 한스럽게 여겨 목을 매어 죽고자 하였지만, 주위 사람들이 그를 구하여 죽지 못했다.

이 기록에는 평양성의 여러 전투현장이 거론되고 있다는 점이 중요하다. 사천전투, 평양 군영 전투, 평양 남교 전투, 평양소성 전투, 평양성 대문 전투, 평양성 북문 전투, 평양성안 전투 등이다.

이 기록의 사천(蛇川)은 곧 사수(蛇水)로서 662년에 연개소문이 방효태가 이끄는 당군을 궤멸시킨 바로 그곳이다. 이 강은 현재 평양 합장강에 비정되고 있다. 이 전투에 대해서는 671년에 문무왕이 당의 장수 설인귀에게 보낸 「답설인귀서(答薛仁貴書)」에서도 다음과 같이 언급하고 있다.

이때 번방(蕃方)과 중국 여러 군대가 사수(虵水)에 모두 모여 있었는데, 남건이 군사를 내어 한 번 싸움으로 결판 지으려 했습니다. 신라 군사가 홀로 선봉이 되어 먼저 큰 진영을 깨뜨리니 평양성 안은 예봉이 꺾이고 사기가 위축되었습니다.

아마도 이 사수전투가 평양성 포위 전투에서 승부의 분수령이 되는 격렬한 전투였던 듯하다. 앞의 포상 기록에서도 세 사람이 사수전투와 관련하여 언급되고 있는 점을 보아도 짐

평양 일대 고구려 성 동북아역사넷 제공

평양성 내성 북문 동북아역사넷 제공

작할 만하다. 사수를 합장강에 비정해 볼 때 이 사수전투는 평양의 본성인 장안성과 대성산성이 서로 호응하는 방어망을 깨뜨리고 각각을 고립시키려는 전투였을 것이다.

평양소성 전투는 장안성보다 규모가 작은 대성산성을 가리키는 것으로 보인다. 사수전투 이후 대성산성에 대한 치열한 공세가 벌어진 듯하다. 평양 군영 전투는 어떤 전투 상황인지 알기 어렵다. 평양 남교 전투는 안학궁 남쪽에 있었던 시가지와 대동강 남쪽을 잇는 다리에서 벌어진 전투로 보인다. 이 다리 유적은 1980년대 초에 북한에서 발굴하였는데, 대략 길이가 375m, 너비 9m의 나무다리로 추정되고 있다. 아마 신라군이 대동강 북쪽의 평양성을 공격하기 위해 반드시 장악해야 할 남교를 둘러싼 전투가 치열했던 모양이다.

장안성에서 벌어진 전투로는 평양성 대문 전투와 북문 전투가 거론되고 있다. 장안성은 네 성으로 구성되어 있으며 다수의 성문이 있는 복합식 성곽이기 때문에 여기서 말하는 평양성 대문과 북문이 어디를 가리키는지는 알기 어렵다. 아마도 평양성 대문은 가장 큰 외성으로 통하는 성문일 듯하고, 평양성 북문은 내성이나 북성의 성문이었을 것이다. 앞서 『자치통감』 기록대로 승려 신성이 배신하여 스스로 일부 성문을 열었다 하더라도 나머지 여러 성문에서 격렬한 전투가 벌어졌음을 짐작할 수 있다.

평양성안 전투에서 신라 한산주 소감 박경한이 고구려 군주 술탈을 죽인 공으로 포상을 받았는데, 군주라고 하면 최고위 군사령관으로서 술탈은 아마도 평양성 방어를 책임진 최고지휘관 중 한 사람이었을 것이다. 군주가 신라군 장수에게 희생되었을 만큼 평양성 함락 당시 고구려군의 저항은 최후까지 격렬했음을 알 수 있다.

『자치통감』에는 9월 12일에 평양성이 함락되었다고 기록되어 있지만, 이날은 보장왕과 남산 등이 항복한 날이고, 그 뒤에도 남건 등 많은 평양성 군민이 저항을 계속했다. 그리고 군사를 위임 맡은 승려 신성이 성문을 연 날이 5일 뒤인 17일이었다. 그런데 『삼국사기』 신라본기에 의하면 9월 21일에 평양성이 함락된 것으로 보인다. 당 기록과 신라 기록 중 어느 쪽에 착오가 있는지 모르겠지만, 양측 기사를 모두 인정하면 17일에 신성의 투항으로 나·당연합군이 평양성 안으로 진입한 뒤에도 5일여 동안 저항이 계속되다가 21일에야 겨우 평정되었음을 추정할 수 있겠다. 이런 과정을 시시콜콜 짚어 보는 이유는 고구려 평양성의 최후가 중국 측 기록처럼 허무할 정도로 무기력하지 않았음을 확인하고 싶어서이다.

나가며

70년 전쟁을 어떻게 볼 것인가

고구려와 수·당은 70여 년 동안 전쟁을 치렀다. 70년 전쟁은 수와 당이라는 통일제국이 추구한 중국 중심의 세력권 구축에 대해 고구려가 독자적 세력권을 유지하려고 대결한 일종의 세력권 충돌이었다. 따라서 고구려와 수·당 전쟁은 동아시아의 국제질서가 변동한 결과인 동시에 이 전쟁의 결과에 따라 국제질서가 다시 한번 크게 파동치게 되었다.

동아시아 국제질서의 운영에 주역으로 참여했던 고구려는 수·당의 제국적 팽창에 대해서 어느 정도 분명하게 인식하고 있었을 것이다. 그럼에도 불구하고 고구려는 수·당을 견제하고 대항하기 위한 어떤 적극적인 국가동맹전략을 구사하지 않았다. 물론 고구려는 북방 유목 국가나 내륙아시아 국가와 동맹을 시도한 바 있다. 그러나 정작 한반도 내에서의 동맹에 대해서는 매우 소극적이었다.

이러한 고구려의 움직임에는 과거 고구려 세력권에 대한

복고적 집착도 일조를 했다고 짐작된다. 6세기 이후 고구려의 대외전략은 중국 세력에 대비하고 신라를 압박하면서 옛 세력권을 재건한다는 입장이었다. 이미 국제정세가 변화했는데도 이 전략에 유연성을 발휘하지 못한 것이다. 물론 고구려와 백제의 동맹관계도 거론되곤 하지만, 그 추이를 보면 결코 적극적인 동맹은 아니었다. 고구려가 신라나 백제를 동맹관계로 만들지 못한 데에는 4세기 이래 지속된 삼국 간의 갈등관계가 영향을 주었을 가능성이 높다.

백제와 신라는 수가 등장할 때부터 고구려 정벌을 요청하는 외교전략을 구사하였으며, 이는 당이 등장한 뒤에도 계속되었다. 이러한 대당외교는 곧 삼국 간 전쟁이 격화되면서 나타난 결과로, 삼국 간 역관계가 수·당 중심의 국제질서에 편입되는 계기가 되었다.

대수·대당전쟁 과정에서 나타난 고구려 군사방어체계의 특성과 한계에 대해서도 주목해야 한다. 대수·대당전쟁 과정에서 고구려의 방어전략은 교통로상에 산성을 다수 배치하고 이들 성이 상호 호응하는 성방어체계였다. 이는 고구려의 지방지배체제가 성 단위로 편제된 것과 무관하지 않다. 이러한 지역방어전략은 수·당의 침공군이 요동에서 긴 보급로를 유지해야 하며, 군사활동 기간이 몇 개월 되지 않는다는 약점을 이용한 적절한 전략이었다. 특히 산성을 거점으로 하는 방어

전략은 고구려 특유의 청야전술과 맞물려 그 위력을 발휘했으니, 대수·대당전쟁에서 승리하게 된 군사적 요인이 여기에 있다고 해도 지나친 말이 아니다.

그러나 지방 군사력의 강화는 중앙 통제력이 약화될 경우 독자적인 운동성을 보이는 한계를 드러낸다. 특히 대당전쟁 말기에 국내성 등 지방 군사력의 이탈로 말미암아 쉽사리 수도 평양성이 함락되는 약점을 노출시키기도 했다.

한편 대수·대당전쟁이 고구려 국내의 정치적 변동과 관련되어 전개된 점도 간과할 수 없다. 특히 연개소문 집권기에 그러한 측면을 잘 엿볼 수 있다. 당의 고구려 침략이 당 제국 질서의 확대 과정에서 나타났다는 점에서 반드시 외교적 실패라고 할 수만은 없겠지만, 신라의 동맹 요청을 뿌리쳐 결국 나·당 군사동맹이 이루어지게 한 것은 고구려 국운에 치명적인 위협이 되어버린 외교 실패라고 할 수 있다. 여기에는 연개소문이 자신의 집권기반을 강화하려 펼친 강경노선이 그 근본 배경이 되었을 것이다.

실제로 연개소문의 대당 강경노선은 그의 정치적 입지를 강화한 결과를 가져오기도 했다. 대당전쟁으로 인해 내부의 권력투쟁이 종식되고, 또 전쟁을 중앙에서 주도하면서 권력을 강화할 수 있는 기회도 얻었기 때문이다. 그리고 전쟁 과정에서 지방 군사력이 소실되어 전쟁 이후 연개소문의 집권력이 강화된 점도 주목할 필요가 있다. 즉 내부의 권력투쟁이 대외적 운신의 폭을 좁게 함으로써 전쟁을 피할 수 없게 했다는 점을 간과해서는 안된다.

연개소문의 집권은 6세기 이래 계속된 고구려 지배세력 간에 전개된 권력투쟁의 종점이었다. 연개소문의 무단적 통치권력은 내부 모순의 폭발을 잠시 외형적으로 봉합할 수 있었는지는 몰라도 근본적인 해결책이 되지 못했다. 대수·대당전쟁에서 보여준 몇 차례의 빛나는 승리는 고구려 사회가 갖는 공동체로서의 저력이었지만, 계속되는 전쟁으로 깊어진 지배세력 내부의 모순은 고구려 멸망의 내부 요인이 되었다. 특히 고구려 멸망과 관련하여 연개소문 가문의 책임을 묻지 않을 수 없다. 연개소문 가문이 국가권력을 사적으로 독점함으로써 지배세력의 분열이 촉진되었으며, 여기에 남생의 당 투항과 배신은 멸망을 재촉하는 치명적인 요인이 되었다.

최후의 독자적 세력권을 유지하였던 고구려의 멸망에 따라 동아시아는 중국 중심의 일원적 국제질서로 개편되었으며, 그것은 정치적인 영역에 그치지 않고 문화·사상 분야에 이르기까지 사회 전반에 걸친 것이었다. 신라는 당과 군사동맹을 맺는 과정에서 적극적인 중화(中華)정책을 취했고, 특히 삼국통일 이후에는 당의 문물을 적극적으로 수용하였다. 일본도 백제의 멸망 후 한반도로부터의 영향력이 배제되고 당의 문물을 직접 받아들여 소위 율령국가를 구축해 갔다. 고구려 유민들이 당의 지배에서 벗어나 세운 발해도 예외는 아니어서 중국 중심의 국제질서와 문화권에 포함되었다.

이러한 중국 중심의 국제질서와 문화권의 형성으로 당 문화는 기본적으로 보편성·국제성을 띠게 되었으며, 그 배경에는 중화적 천하질서의 이념적 실현이 자리잡고 있다. 고구려가 수·당과 벌인 70년 전쟁은 그러한 중화적 천하질서의 확대 과정에 대한 가장 강렬한 저항이었다.

참고문헌

- 김진한, 2020, 『고구려 후기 대외관계사 연구』, 한국학중앙연구원출판부.
- 노태돈, 1999, 『고구려사연구』, 사계절.
- ______, 2009, 『삼국통일전쟁사』, 서울대학교출판부.
- 동북아역사재단 편, 2006, 『高句麗城 사진자료집: 中國 遼寧省 · 吉林省 西部』), 동북아역사재단.
- 동북아역사재단 한국고중세사연구소 편, 2010, 『周書 · 隋書 外國傳 譯註』, 동북아역사재단.
- 申采浩, 『朝鮮上古史』(『丹齋申采浩全集』 上).
- 양시은, 2016, 『고구려 성 연구』, 진인진.
- 여호규, 1999, 『高句麗 城 Ⅱ』, 國防軍史硏究所.
- 여호규 · 강현숙 · 백종오 · 김종은 · 이경미 · 정동민, 2020, 『중국 소재 고구려 유적과 유물』 Ⅷ(혼하 - 요하 중상류), 동북아역사재단.
- 이성제, 2005, 『高句麗의 西方政策 硏究』, 국학자료원.
- 이재성, 2018, 『고구려와 유목 민족의 관계사 연구』, 소나무.
- 이정빈, 2018, 『고구려 - 수 전쟁: 변경 요서에서 시작된 동아시아 大戰』, 주류성.
- 장창은, 2020, 『삼국시대 전쟁과 국경』, 온샘.
- 정동민, 2022, 『고대 동아시아 최대의 충돌, 고구려 - 수 전쟁: 고대 동아시아 최대의 충돌』(외대역사문화 연구총서 17), 신서원.
- 정재훈, 2017, 『돌궐유목제국사』, 사계절.
- 김기흥, 1994, 「연개소문 정권의 한계성」, 『조항래화갑기념논총』.
- 김병곤, 2013, 「661~662년 당 수군의 평양 직공책의 전략과 한계」, 『한

국사학보』 50.
- 김선민, 2003, 「隋 煬帝의 軍制改革과 高句麗遠征」, 『東方學志』 119.
- 김영하, 2000, 「高句麗 內紛의 국제적 배경」, 『한국사연구』 110.
- 김종완, 2004, 「高句麗의 朝貢과 册封의 性格」, 『고구려발해연구』 18.
- 김진한, 2016, 「高句麗 滅亡과 淵蓋蘇文의 아들들」, 『한국고대사탐구』 22.
- 김창석, 2007, 「고구려 - 수 전쟁의 배경과 전개」, 『동북아역사논총』 15.
- 盧重國, 1981, 「高句麗 · 百濟 · 新羅사이의 力關係變化에 대한 一考察」 『東方學志』 28.
- 노태돈, 1976, 「高句麗의 漢江流域喪失의 原因에 대하여」, 『韓國史硏究』 13.
- ______, 1984, 「5~6세기 동아시아의 국제정세와 고구려의 대외관계」, 『東方學志』 44.
- ______, 1989, 「淵蓋蘇文과 金春秋」, 『韓國史市民講座』 5.
- ______, 2011, 「7세기 전쟁의 성격을 둘러싼 논의」, 『한국사연구』 154.
- 閔喆熙, 2002, 「高句麗 陽原王 · 平原王代의 政局變化」, 『史學志』 35.
- 서영교, 2013, 「645년 요동성(遼東城) 전투 복원」, 『대구사학』 112.
- ______, 2015, 「駐蹕山 전투와 安市城」, 『동국사학』 58.
- 여호규, 2002, 「6세기 말~7세기 초 동아시아 국제질서와 고구려 대외정책의 변화 - 대수관계(對隋關係)를 중심으로」, 『역사와 현실』 46.
- ______, 2006, 「책봉호 수수(授受)를 통해 본 수 · 당의 동방정책과 삼국의 대응」, 『역사와 현실』 61.
- ______, 2018, 「7세기 중엽 국제정세 변동과 고구려 대외관계의 추이」, 『대구사학』 133.
- 李成市, 1990, 「高句麗와 日隋外交 - 이른바 國書 문제에 관한 一試論」, 『李右成敎授 停年退職紀念論叢』.
- 이성제, 2013, 「高句麗의 西部 國境線과 武厲邏」, 『大丘史學』 113.
- ______, 2019, 「唐 高宗의 泰山 封禪과 高句麗의 對應을 둘러싼 몇 가지 문제」, 『고구려발해연구』 64.

- ______, 2019, 「650년대 전반기 투르크계 북방세력의 동향과 고구려-고구려 사절이 아프라시압 궁정벽화에 그려진 배경에 대한 검토」, 『동북아역사논총』 65.
- 李龍範, 1959, 「高句麗의 遼西 進出 企圖와 突厥」, 『史學硏究』 4.
- 이재성, 2005, 「6세기 후반 突厥의 南進과 高句麗와의 충돌」, 『북방사논총』 5.
- 이정빈, 2011, 「6세기 후반~7세기 초반 고구려의 서방 변경지대와 그 변화-요서 고구려의 邏와 수의 鎭·戍를 중심으로」, 『역사와 현실』 82.
- 임기환, 1992, 「6·7세기 高句麗 政治勢力의 動向」, 『韓國古代史硏究』 5.
- ______, 1995, 「고구려와 수, 당의 전쟁」, 『한국사』 4, 한길사.
- ______, 2006, 「7세기 동북아시아 국제질서의 변동과 전쟁」, 『전쟁과 동북아시아의 국제질서』, 일조각.
- ______, 2014, 「7세기 동북아 전쟁에 대한 연구동향과 과제」, 『역사문화논총』 8.
- 정동민, 2019, 「고대 동아시아의 接境, 遼西-중국왕조, 유목세력, 고구려의 관계를 중심으로-」, 『중앙사론』 50.
- 정원주, 2020, 「645년 당 태종의 고구려 원정 목적과 의미」, 『고구려발해연구』 67.
- 정재훈, 2004, 「수 양제(604~617)의 대외정책과 천하 순행」, 『중국사연구』 30.
- 정호섭, 2013, 「鳥羽冠을 쓴 人物圖의 類型과 性格-외국 자료에 나타난 古代 한국인의 모습을 중심으로-」, 『영남학』 24.
- ______, 2020, 「고구려 안시성의 위치와 안시성주 전승의 추이」, 『고구려발해연구』 67.
- 채미하, 2017, 「666년 고구려의 唐 封禪儀禮 참여와 그 의미」, 『동북아역사논총』 56.

찾아보기

ㅁ

ㅂ

동북아역사재단 교양총서 27

고구려와 수·당

70년 전쟁

제1판 1쇄 발행일 2022년 7월 15일

지은이 임기환
발행인 이영호
발행처 동북아역사재단

출판등록 제312-2004-050호(2004년 10월 18일)
주소 서울시 서대문구 통일로 81, NH농협생명빌딩
전화 02-2012-6065
팩스 02-2012-6186
홈페이지 www.nahf.or.kr
제작·인쇄 역사공간
디자인 역사공간

ISBN 978-89-6187-739-8 04910
978-89-6187-406-9 (세트)